# 金融创富

## 互联网+时代的财富管理与策略

丁鹏◎著

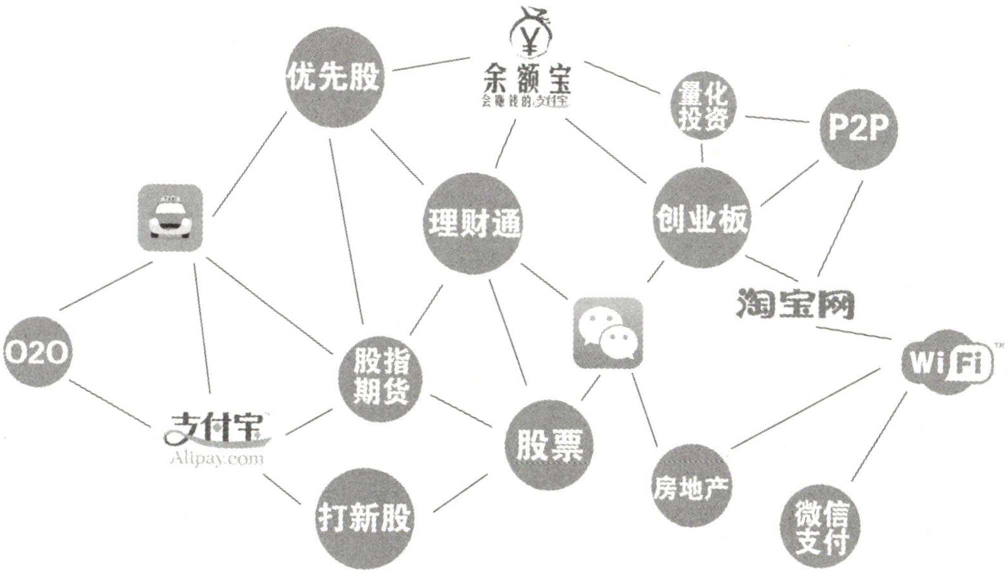


電子工業出版社
Publishing House of Electronics Industry
北京•BEIJING

## 内 容 简 介

本书共分为互联网金融篇、财富管理篇和量化投资篇三个部分。互联网金融篇主要阐述了流行的互联网金融产品的主要原理、收益方式、产品结构、风险控制等方面的内容。财富管理篇介绍了一些常用的财富管理产品，如分级基金、对冲基金、信托、优先股等，并介绍了几个特殊的策略。量化投资篇阐述了量化投资的优点，包括如何通过量化投资创造绝对收益，量化投资的主要套利策略、股价的可预测问题、创业板暴涨背后的经济学原理等。

本书是以作者参加的《解码财商》节目为基础，主要阐述了金融领域中的一些基础概念，适合对金融感兴趣的入门级读者阅读。



**图书在版编目（CIP）数据**

金融创富：互联网+时代的财富管理与策略 / 丁鹏著. —北京：电子工业出版社，2015.6
ISBN 978-7-121-25976-0

Ⅰ. ①金… Ⅱ. ①丁… Ⅲ. ①互联网络－应用－金融－研究 Ⅳ. ①F830.49

中国版本图书馆 CIP 数据核字(2015)第 089450 号

策划编辑：李　冰
责任编辑：徐津平
印　　刷：北京季蜂印刷有限公司
装　　订：北京季蜂印刷有限公司
出版发行：电子工业出版社
　　　　　北京市海淀区万寿路 173 信箱　邮编：100036
开　　本：720×1000　1/16　印张：16　字数：276 千字
版　　次：2015 年 6 月第 1 版
印　　次：2016 年 2 月第 2 次印刷
定　　价：59.00 元

凡所购买电子工业出版社图书有缺损问题，请向购买书店调换。若书店售缺，请与本社发行部联系，联系及邮购电话：（010）88254888。

质量投诉请发邮件至 zlts@phei.com.cn，盗版侵权举报请发邮件至 dbqq@phei.com.cn。

服务热线：（010）88258888。

# 前言

2012 年开始，金融行业开始了爆发式增长，资产管理行业随之得到了巨大的发展。在整个金融市场中，资产管理行业属于金字塔尖的行业，随着中国步入中等收入国家，并进一步往发达国家推进的过程中，老百姓的财产越来越多，高净值客户也越来越多，他们需要多种多样的财富管理服务。在这种情况下，一本能够通俗介绍财富管理方面知识的书籍是广大读者急需的。本书以作者参加某电视台的财经节目为蓝本，添加了一些自己的感悟，整合成本书，以期为读者的财富管理带来一些帮助。

中国过去 30 年是产业创富的年代，只要你勤劳努力，开个厂，开个矿，就可以获得较大的财富。但是随着中国金融行业的大发展，未来更大的财富来自于金融行业，这也是本书取名为《金融创富》的原因。

本书共分为互联网金融篇、财富管理篇和量化投资篇三个部分。

互联网金融篇主要阐述了流行的互联网金融产品的主要原理、收益方式、产品结构、风险控制等方面的内容。余额宝篇介绍了余额宝的优缺点、收益风险以及资产证券化等内容。阿里小贷和阿里网络银行将是阿里金融的核心所在，阿里小贷能赚钱的原因在于大数据挖掘技术，阿里网络银行利用互联网极大地降低成本，可以给出更高的存款利率和更低的贷款利息。淘宝基金则是一种失败的经历，淘宝基金之所以失败是因为缺乏信用支撑。移动支付是阿里和腾讯帝国面对面对抗的核心所在，也是整个互联网金融的命门。相比之下，百度百发的高收益率博得了业内很大的关注，百度百发的基本原理是组合投资。除了银行领域，腾讯从另外几个方面开始对券商发起攻击，其开发出的佣金宝将券商之间的竞争带入了你死我活的斗争局面。

财富管理篇介绍了一些常用的财富管理产品，如分级基金、对冲基金、信托、优先股等，并介绍了几个特殊的策略，如鸡蛋期货、打新股方法等。分级基金的特点是将投资者分为 A 端的稳定收益和 B 端的风险收益。对冲基金则意味着以索罗斯为代表的金融大鳄有可能在中国金融市场掀起惊涛骇浪。鸡蛋期货具有难保存、难运输的特点，所以有可能成为逼仓的好品种，从而带来暴富机会。笔者认为信托的高速发展时代过去了，未来由于刚性兑付被逐步打破，可能会使很多投资者损失惨重。优先股承担起中国大牛市的厚望，但由于其自身的设计缺陷，在中国市场有可能成为另一种圈钱的工具。最新的新股发行政策带来了打新股和炒新股的低风险收益的机会，书中阐述了多个打新股和炒新股的策略和技巧，可以帮助读者获得较好的收益。

量化投资篇阐述了量化投资的优点，包括如何通过量化投资创造绝对收益，量化投资的主要套利策略、股价的可预测问题、创业板暴涨背后的经济学原理等，最后还介绍了几个事件驱动策略。光大策略交易系统的价值是不容置疑的，只是由于个别模块出问题造成乌龙指这样巨大影响的事件。量化投资的核心策略是套利，包括 ETF 套利、股指期货套利、国债期货套利和阿尔法套利等。

本书主要阐述了金融领域中的一些基础概念，适合金融基础知识缺乏的入门级读者阅读，希望本书的问世能给大家带来一些金融方面知识的提升。

# 目录

## 互联网金融篇

# 互联网金融篇

- 余额宝开启中国互联网金融时代大幕
- 余额宝 2：窥探阿里金融雏形
- 阿里小贷为什么这么赚钱
- 阿里金融最后一步：银行
- 淘宝基金购买宝典
- 阿里腾讯卡位战：移动支付
- 百度百发的组合投资
- 腾讯打劫券商佣金

# 余额宝开启中国互联网金融时代大幕

本节阐述了余额宝的基本原理、优点、收益率的来源、风险情况等广大投资者最关心的问题，并重点阐述了余额宝的流动性管理方法，以此解释未来余额宝发展面临最大风险所在。

余额宝对金融业界的震动，可以由一只名不见经传的小股票内蒙君正的业绩看出。2013 年 10 月 9 日晚间，天弘基金第二大股东内蒙君正发布公告显示阿里巴巴将出资 11.8 亿元认购天弘基金 26230 万元的注册资本，完成后占其股本的 51%。这一消息把阿里巴巴和天弘基金推到风口浪尖，阿里巴巴的强势入主一时间成为热议焦点，内蒙君正的股份也一路暴涨。国庆节后短短 8 个交易日，内蒙君正的股价由 10 月 8 日开盘时的 9.38 元涨至 13.93 元，涨幅高达 49%，期间更有四个连续涨停。余额宝出现后，互联网金融这个名词迅速风靡中国。

注册地位于天津的天弘基金成立于 2004 年，在与支付宝合作前，它的业绩、规模都乏善可陈：2012 年亏损 1536 万元，2013 年上半年净利润为 853 万元，管理的公募基金份额为 200 多亿元。2013 年 6 月与阿里巴巴旗下的支付宝合作推出"余额宝"基金在线直销业务，由于与支付宝无缝对接，购买赎回便捷，市场反响异常热烈。

据媒体报道，余额宝用户数在 2013 年 6 月便已突破 250 万户，截至 2014 年 2 月，余额宝开户用户超过 5000 万，货币基金总规模突破 4000

亿，天弘基金成为中国最大公募基金和货币基金。2015 年 3 月 21 日，方兴地产联合淘宝房产推出了余额宝购房项目，尝试将余额宝这款产品引入房产销售流程中，进一步扩大其规模。余额宝到底是怎么赚钱的呢？它的风险在哪里？对中国金融的发展有何意义？

## 余额宝的优点在哪里

余额宝于 2013 年 6 月初上线，短短三个多月的时间，它的规模就突破五百亿，超越华夏的现金增利货币基金。华夏基金花了将近十年的时间做成的规模，天弘基金只用了短短三个月。

余额宝为何如此火爆？有两大原因：一是使用非常方便，二是收益非常高。

余额宝几乎能完成支付宝的所有功能，你可以用余额宝在网上买东西，交水电费，也可以把钱转到银行卡中。同时它又有收益，2013 年底的时候年化收益率一度逼近 7%，并且当日可以取回，跟活期存款一样。而活期存款现在的年化收益大概是千分之三到四左右，相比之下，余额宝的收益率超出了十几倍，所以你可以想得到它对普通老百姓的心理冲击有多大。

2013 年银行活期存款年利率为 0.35%，一年定期存款利率为 3.3%，五年期整存整取年利率为 4.75%。而余额宝的年利率日益逼近 5%，十多倍于活期存款的收益差，这让余额宝成为银行储蓄业务的头号大敌。

我们是否可以这样认为，存款利率的限制已经被马云的利器刺穿？在余额宝投资者的世界里，利率已经市场化。除了有较高的收益，余额宝的优势还在于能随时消费支付，灵活便捷。短短几个月的时间，余额宝用户激增，大家纷纷将资金转入余额宝，并争相在微博微信晒出自己每天的余额宝收益。

但余额宝背后的天弘基金到底在怎样打理着用户的钱呢？这样的收益能维持多久？风险又有多大呢？

## 收益为何这么高

余额宝在 2013 年底的时候，年化收益率最高一度超过 7%，最近一段时间逐步回落，但是依然有 4%左右，远超活期存款利率。从流动性角度来说，余额宝完全可以看做是活期存款的替代品。我们知道余额宝后面对接的是天弘基金的“增利宝货币基金”，那么什么是货币基金呢？谈到基金，大家可能都比较恐慌，因为基金会亏钱。那余额宝是基金，会亏钱吗？

实际上基金有很多种，一般亏钱的是股票型基金，它是一种风险收益基金。除此之外还有一些比较稳健的基金，如货币型和债券型，这两大类型的基金基本上是不会亏钱的。其中流动性最好的我们称之为货币基金，就是余额宝所对应的天弘增利宝货币基金。我们通过以下资料了解一下什么是货币基金。

货币基金是“准储蓄”。它是由基金管理人运作，基金托管人保管资金的一种开放式基金，具有高安全性、高流动性、稳定收益性等特征。货币基金资产主要投资于短期货币工具，如国债、央行票据、商业票据、银行定期存单、政府短债、同业存款等。

实际上，上述这些货币市场基金投资的范围都是一些高安全系数和稳定收益的品种，所以对于很多希望回避证券市场风险的企业和个人来说，货币市场基金是一个天然的避风港，在通常情况下既能获得高于银行存款利息的收益，又可以保障本金的安全。

货币基金的主要投向是银行间的市场，从投资风险的角度来讲，其风险系数是极低的，因为银行间基本上不可能违约。目前，针对货币基金主要有什么样的投资方案呢？

### 1. 逆回购

逆回购是央行向市场释放流动性，比如农业银行缺钱了，去找谁借呢？当然找央行借，但需要抵押，一般用有价证券进行抵押。后来这种方式扩展到其他机构之间，比如工商银行今日的资金缺口为一千亿，无法平账，其可通过短期拆借的方式向资金富余的农业银行借款，并以所持的债券进行抵押，第二天支付本息取回债券。现在普通散户也可以做逆回购，只需通过证券公司在股票账号中开立逆回购账号便可进行相关操作。

### 2. 协议存款

普通散户去银行存钱，你几千元、几万元，银行是不会搭理的，先去排队吧。但是当我买成货币基金，这货币基金规模是 50 亿、100 亿，特别像天弘基金现在 500 亿的时候，你说你到银行去存是个什么价格？因为是大额存单，那完全是不一样的。天弘基金是天津当地的一家小公司，它完全可以把钱存到天津当地银行，当地的商业银行给这样的大债主支付的利息肯定是很高的，所以协议存款是货币基金做得比较多的。

### 3. 各种债券

主要以国债和高等级的信用债为主，这方面的债券有投资门槛，普通投资者想涉足并非易事。但可以以货币基金的方式参与，从而分享到较高收益。

所以说余额宝本质上是一个存款团购的概念，是聚少成多的效应体现，这也是其收益比活期存款高出很多的原因所在。

## 余额宝收益还能提高吗

前面提到，余额宝收益高的根本原因是存款团购，那很多人就会关心一个问题：余额宝未来的收益还会提高吗？能不能比定期存款还要高呢？

我们知道，余额宝既然是团购存款的模式，那它的收益取决于它的规模。如果它是 1000 亿、2000 亿的规模，收益可能会更高，所以就要看马云能不能够把余额宝的规模给搞上去。马云还有哪些招能够扩大余额宝的规模呢？我个人认为他有以下几种方式。

第一招，鼓励天猫的商家在给员工发工资的时候，直接发到余额宝里面。我现在是余额宝的忠实用户，每次直接将工资放到余额宝里面，要用钱的时候，从余额宝转到银行卡里非常方便。我的一些开公司的朋友们正在准备做这样的事，给员工开好余额宝的账号，将工资直接发到余额宝里，然后绑定银行卡，需要用的时候从银行提就可以了，因为是 T+0 机制，可以随时提出来。

第二招，马云可以把阿里小贷的贷款额度跟余额宝的规模相关联。很多银行都在这么干，要想在我这贷款一千万，那得先存五百万，存得越多，可以贷款的额度就越高。余额宝也可以采用这种方式，可以想像到这一招出来后，淘宝、天猫上那么多商家的钱都会放到余额宝里。

第三招，商家的余额宝规模可以跟参加活动的等级、机会挂钩，很多淘宝商家要参加“聚划算”、“光棍节”等促销活动，那就看余额宝的规模。规模越大，可以参加的活动等级越高，或者同样等级的活动可以提前审批，或者占据更好的位置。这么一来肯定有许多商家会将闲钱存到余额宝里面。

第四招，把广告位、等级跟余额宝规模进行关联。你存了多少规模，我给你加个钻，加个皇冠，如果采用这种方式，那商家都要把钱存在余额宝里。

所以马云要想把余额宝做大，有很多方法。那马云动用了各种手段后，余额宝大概能做到多大的规模呢？

我们知道余额宝真正的竞争对手是银行的活期存款，那余额宝到底能抢到多少活期存款呢？我们来看一下海外的数据。

从国外情况看，1987 年美国股市大崩溃，再次导致大量资金流向货币市场基金，其资产总额突破 3 000 亿美元。之后 1991 年达到 5000 亿美元（储蓄存款 9392 亿美元），1996 年达到 7 00 亿美元，1997 年首次突破 1 万亿美元（储蓄存款 1.5 万亿美元），2001 年达 2.285 3 万亿美元并第一次超越储蓄存款总规模，在共同基金总资产中占比超过 25%，投资者账户达到 4720 万个，占共同基金总账户的一半。2008 年金融危机前发展到 3.5 万亿美元（储蓄存款只有 1.68 万亿美元）。

从上述数据可以看出，美国几十年前的情况跟中国也差不多，大家的钱都存在银行里面，但是自从货币基金面世后，特别是 T+0 这种货币基金，大家的钱都往货币基金里面转，现在美国只有 30%是银行的活期存款。截止到中国现在的活期存款规模超过了 14 万亿，货币基金市场规模大概是八千多亿的样子，所以有很大的上升空间。

假定 14 万亿的活期存款有一半转变为货币基金的话，中国的货币基金市场还有将近十倍的成长空间，我想它将来做到五千亿甚至一万亿的规模都不是不可能的事情。因为中国的活期利率实在是太低了，跟余额宝的收益差太大了。我相信很多人慢慢了解了货币基金的原理和优势后会把钱转到余额宝里。余额宝的规模虽然已经过了五百亿，但是它未来的成长空间还很大。美国过去很多年的经验告诉了我们未来将要走的路。

虽然余额宝的收益从 2014 年中开始逐步下滑，但这其实是符合市场规律的，因为余额宝的本质是银行存款，在市场流动性逐步恢复的情况下，银行存款的收益率自然会回归到正常水平。即使余额宝当前的收益处于较低水平，因其流动性好，使用方便，它依然是广大普通用户管理现金的好工具之一。

## 余额宝有风险吗

前面讲了许多关于余额宝投资和规模问题，有读者可能会问在一片光明的背后是否存在风险呢？余额宝实际上是有投资风险的，但风险系数很低。其风险主要来自于银行间活动的风险，比如逆回购、银行的大额存单、协议存款或者国债出现信用危机，会出现亏损情况，但上述情况发生的概率极低。

余额宝最大的风险来自于自身的 T+0 交易机制。首先来了解一下余额宝为什么能够实现当日存转。余额宝的很多投资方向如大额存单、逆回购、国债等都是长期资产，投资者短期内无法提取资金，但是为什么从余额宝中往外拿钱很容易，它是通过什么方式实现的呢？它事实上是在前面加了一个资金缓存池，如图 1 所示。

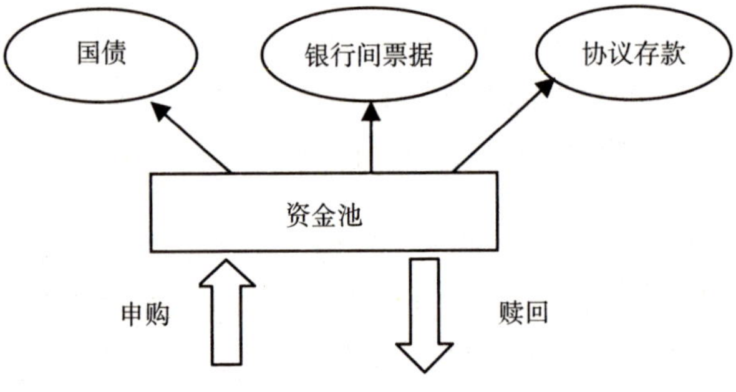


图 1　余额宝资金流转示意图

有人申购货币基金，钱先进入缓存池，然后再去买票据、存单等，若有人赎回呢？则先从缓存池里面提取，也就是说你赎回的钱并不是你真正投进去的钱，实际上是别人的钱。只要赎回的钱减去申购的钱小于这个缓存池的容量，就不用担心赎回出现问题。但如果这个缓存池过小，赎回的时候就会有问题，万一赎不回怎么办？如果缓存池过大又会影响收益，因为放在缓存池里面的资金是没有收益的，只有把它变成大额存单后才会有收益。

因此如何调整、设计缓存池是个非常重要的。我在这里要给余额宝泼个冷水，余额宝的重大风险就来自于这个地方。假如由于钱荒或者其他原因造成资金大量外流，余额宝可能会有挤兑风险。很多人可能认为我在危言耸听，我们接下来看一个真实的案例。

据 Wind 数据显示，从 2013 年 7 月 26 日开始，工银瑞信旗下安心增利 B 类货币基金的万份收益和 7 日年化收益都赫然显示为“0”。而工银瑞信的官方网站上已经不再公布此基金的收益信息，这意味着刚刚成立不到半年的工银瑞信安心增利 B 类正陷入被赎回殆尽的境地。事实上，自场内 T+0 货币基金面世以来，已有多只产品出现过触及赎回上限、投资者不可赎回的尴尬情况。而极端情况出现在背靠工商银行同时以固定收益为强项的工银瑞信身上，还是让不少同行深感意外。

当初安心增利 B 类货币基金刚发行时也是风光无限，因为它借助工商银行的渠道发了几十亿之多，但是仅仅过了大概半年多，其规模已经归零了，为什么？原因就在于我上面提到的缓存池存在上限的问题。由于该货币基金的投资者结构不尽科学，很多是机构投资者，机构投资者用钱的时候大量赎回，一下子就把缓存池中的资金抽干了。当天别人赎不了时会引起恐慌，之后会有更多人加入赎回大军。仅仅几个月的时间，该货币基金消亡殆尽。

余额宝之前那么火爆是因为整个大环境在走向好转，它刚上市时，很多人都相信其能带来良好收益并进行申购，所以它没出这样的问题，但一旦出现一次就要完蛋。因为余额宝毕竟不是银行，银行最重要的是有央行做最后的买单人，所以还是比较安全的。余额宝没有强有力的后盾，所以一旦出现风吹草动，帝国可能会在一夜之间倒塌。当然我相信马云先生也意识到这个风险，所以他才会在短时间内控股天弘基金以保证可以及时采取相关补救措施。

这种安全隐患发生的概率虽然小，但是千里之堤，溃于蚁穴，只要有一次赎回失败，可能会引发雪崩效应。所以余额宝未来能形成何种规模，这是它的一个最关键的风险点。余额宝是整个阿里金融帝国中的一个基石，它真正考验的是马云对整个阿里金融的风险掌控能力。

喜好围棋的马云十年前便开始布子，看似单摆浮搁，实则丝丝入扣。2012年，阿里巴巴的一系列调整令人眼花缭乱：B2B私有化、小贷崛起、“三马”合作卖保险，阿里集团的金融业务几乎已涵盖支付、小额贷款、担保、保险等所有金融产业链业务，阿里金融帝国雏形渐现。有人说阿里巴巴控股天弘，是天弘高攀，傍上了高富帅。但对阿里来说，天弘能为它带来什么？阿里巴巴与支付宝有必要花费这么大的代价购买基金公司的控股权么？

## 余额宝的未来

最后再来说一说马云为什么要控股天弘基金。控股天弘基金是阿里金融帝国的第一步，而金融集团的核心是什么？核心是银行。余额宝相当于做了个活期存款，但是它的发展绝对不仅仅局限于此。

余额宝属于固定收益类货币基金，还有一种更大规模的、收益更高的固定收益基金叫做债券基金。现在有很多债券基金公司做得不错，如富国、华夏，但是受渠道的限制，规模没能在很短时间内扩到非常大。阿里控股天弘后，可以通过天弘发行债券基金。债券基金收益跟货币基金的原理是一样的，规模越大，价格就越好，其年化收益大概是五到六左右，比余额宝的收益还要高。在这之后，阿里还可以做什么？更大的一个叫做资产证券化，比如前段时间，阿里巴巴跟东方证券搞了一个资产证券项目，其优先端的收益率是6%。阿里小贷直接做一个项目对接天弘基金的产品，然后在余额宝里卖这种优先端，保一年6%甚至更高一点的收益，这相当于定期存款。

目前基金公司的牌照是所有金融行业中最开放的，基金公司可以做公募基金、货币基金、债券基金，特别是基金子公司在投资范围上几乎没有任何限制。这是马云为什么一定要控股天弘的原因，即以其为契机，打开金融的所有产业链。天弘也因此有阿里这样一个强大的融资渠道作后盾，这是其他基金公司无法比拟的。通过阿里的渠道，天弘可以将货币基金、债券基金等不太需要管理能力的基金进行统一管理。

天弘基金成为中国用户规模最大的公募基金的新闻刚出，另一家互联网大佬百度便杀入同一市场搅局。2013年10月21日，百度宣布旗下百度金融理财平台将于月底上线，联手的是中国最具实力的公募基金华夏，推出年化收益高达8%的理财品，公开叫板阿里天弘的5%。最具杀伤力的是其投资门槛低至1元，并打出了零风险的旗号，由中国投资担保公司担保。

我们刚刚分析了余额宝和天弘基金的投资去向及安全度，但百度华夏组合的零风险8%年化回报又将如何实现？业内分析，它们可能通过加杠杆的方式去做高收益债和息差套利，但这种模式下的流动性将成为大问题，需要持续净申购来支持。如果真是这个模式，中投保敢去担保，那胆子也真够大的。看来，互联网大佬在中国金融市场上对小散户的跑马圈地已经打响了第二枪。

貌似无风险的狂欢背后，警钟长鸣，美国余额宝“贝宝货币基金”运营了12年后，在次贷危机的压力下最终主动解散。中国工商银行原行长杨凯生称，贝宝完全可以说是我国的余额宝等业务模式的原型。“任何投资产品如果只宣传收益而不把风险说够，这本身就是一种风险。”

# 余额宝 2：窥探阿里金融雏形

本节阐述了阿里资产证券化项目的原理，以该项目为案例引申推想未来阿里金融的总体架构，并预测余额宝 2 的基本原理和做法。以阿里体系的资产为基础，进行证券化后，可以为阿里金融带来大量的廉价资金，从而推动阿里金融的发展。

寒冷的冬日丝毫未冷却余额宝的热度。当 2013 年 6 月正式上线的余额宝成为各类理财产品收益率攀比的标杆之时，阿里互联网金融产品的第二把火——“余额宝 2 号”又烧了起来。不见其影，但闻其声，自余额宝推出以来，有关“余额宝 2 号”的传闻就遍布网络。2013 年 11 月底，有关支付宝将联合南方、工银瑞信、易方达、道富、德邦五家基金公司推出余额宝二代，即短期理财产品“定期宝”的消息甚嚣尘上，随后有媒体称，该产品并非“定期宝”，而是“招财宝”。

之后又有消息传来，天弘最终会联手上述五家基金公司分别为阿里定制六种不同期限短期理财产品。尽管支付宝曾予以否认，业内人士却认为这一否认很可能是因产品的开放和系统维护等方面还没有成熟，不到正式发布的时机。媒体报道如此煞有介事，实在是大有箭在弦上、不得不发之势。

2014 年春节后，阿里低调推出了余额宝二期——“定期宝”并开放预约，预约成功的投资者将在 2 月 14 日上午 10 时正式抢购。由于打着

“保本保底，预期 7%的收益”的旗号，这款“余额宝用户专享权益”的产品迅速在互联网上流传开来。

定期宝是一款低风险的万能险理财产品，由于是定期理财产品，定期宝没有了之前余额宝的“T+0”赎回的垫资压力。因此从真正意义上说，定期宝还不是余额宝 2 号，真正的余额宝 2 号应该是什么样呢？其实不用费心猜测，阿里已经给出了答案，其在 2013 年 7 月份与东方证券合作获批的资产证券化理财计划就是媒体所报道的余额宝 2 号的雏形。

余额宝抢夺的是银行的活期存款，但银行还有更大的一块是定期存款，接下来我跟大家分析一下阿里未来这方面的考虑。实际上阿里金融已经开始在这方面有所动作，这就是它的资产证券化产品。

## 什么是资产证券化

阿里小贷跟东方证券开发的“资产证券化”产品本质上是揽储。我们前面讲过阿里小贷的收益率很高，但是它的资本金只有十几亿，几乎用到极限了。为了获得更多的收益，阿里小贷必须扩大资本金规模，那么怎么去做呢？可以通过资产证券化的方法实现。投资者购买相关资产证券化产品，由该产品投资买阿里小贷，这样就可以实现变相揽储的功能。我们先看一下什么是资产证券化。

无法揽储、资金不足已经成为阿里小贷继续发展的沉重桎梏。为打破这一尴尬局面，阿里将目光转向了有助于盘活资本的资产证券化产品。2013 年 7 月，“东证资管-阿里巴巴专项资产管理计划”正式获得证监会批文，这意味着阿里巴巴小额贷款公司可以在未来三年内将旗下小贷公司的优质贷款组合出售给东证资管的“专项资产管理计划”，以资产证券化的方式补充自身的贷款额度，扩大放贷业务量。

那么，何为资产证券化？它是如何运作的？资产证券化是以特定资产组合或特定现金流为支持，发行可交易证券的一种融资形式，即将缺乏流动性的资产，转换为在金融市场上可以自由买卖的证券，使其具有流动性。

资产证券化从定义上讲是将流动性不好的资产变成流动性好的资产的过程，最典型的资产证券化就是股票 IPO。上市公司资产流动性是很差的，要想把整个资产转换或将企业买下，是很麻烦的事情。但若把公司资产变成一份一份的股票，并将这些股票放到交易所交易，其流动性就很好。股票的买卖的过程其实是股东身份的转换过程，背后的逻辑是最典型的实体经济资产证券化的过程。

除此之外更多的我们称之为“信贷资产证券化”，例如商业银行把住房抵押贷款或其他信贷资产作为证券资产形成一个资产池，打包信托给受托机构，由受托机构对该资产进行结构性安排和内部的信用增级，然后向央行申请发行资产支持证券，获批后可以在全国银行间债权市场上发行和交易。

资产证券化主要有以下三个特征：第一，未来有预期的现金流。第二，目前的项目流动性不好。比如我投资个房产地项目现在缺钱，但是又不想把项目全部转让出去，可以做成证券化产品转让一部分。第三，投资者买的是预期，也就是说未来这个资产可能会很值钱。

怎么理解资产证券化？我们来看一个很好玩的案例。资产证券化首要的一个条件叫未来预期现金流，比如说我可以把未来的工资收入打包做成一个资产证券化产品卖给你。按照年薪一百万计算，20 年后总价值为 2000 万，然后将其成 2000 份，卖给一万个人，之后我就为这一万个人打 20 年工。可能会有人问为什么要买你的呢？因为你要赌的是一个预期，万一我明年工资涨上去了呢？未来涨得更多呢？这样你后面也赚得更多。

所以任何有未来预期现金流收入的东西，我们都可以把它变成一个资产证券化产品。比如房租，未来几十年的房租打包分成一份份去卖。最传统的股票其实就是把未来几十年的分红收益进行打包，债券也类似于这样。通俗地理解资产证券化，就是说有一个东西未来可能很好，但是盘子太大，转让参与很不方便，我把它切成一份一份的小块进行转让。

我们再来看看阿里跟东方证券搞的这个资产证券化产品到底做什么。如图 2 所示，投资者一份一份地购买这个资产证券化产品的资金被用于购买阿里小贷的资产。阿里小贷很赚钱，但缺资本金，根据法律的规定，它不能去吸收储户存款，那是非法集资。所以阿里小贷通过资产证券化的方式，合法地把众多人的钱拿去购买阿里小贷的资产，从而实现扩大贷款本金的目的。

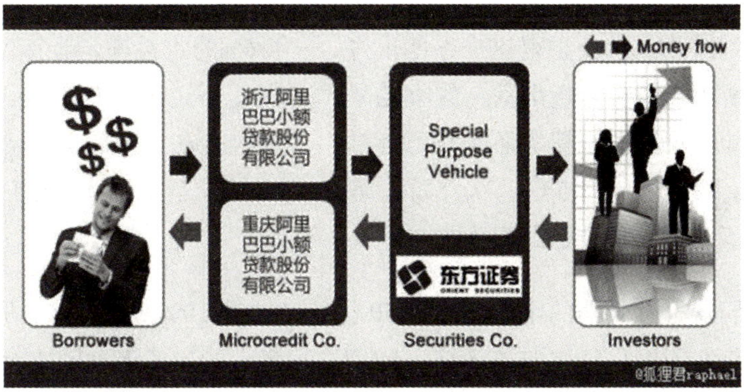


**图 2 阿里巴巴-东方证券资产证券化产品流程图**

## 阿里资产证券化的特点

### 1. 结构化增信

阿里资产证券化的产品分三级：优先级、次优先级和次级，其中优先级和次优先级面向机构投资者发售，只有银行、保险这些机构可以认购，普通投资者无法参与其中。次级由阿里小贷持有，共 5 亿，优先级和次优先级两部分一共 45 亿，这样做成了一个 1∶10 杠杆的产品。如果该资产亏损，会先亏次级的，之后再亏其他两级的客户。优先级的收益是一年6%，这肯定比一年定期存款要好很多。上述模式就是定期存款模式，该资产证券化实际上变相实现了信贷功能。当然这个前期只是试水，规模非常小。

### 2. 循环购买

因为向阿里申请的客户的使用周期都很短，往往七天、十几天甚至一个月都已经算长的了，由于资产证券化产品的期限是一年，在客户还款后怎么办呢？该产品可以循环购买，用还回来的资金再买下一个小贷产品，实现快速周转。一般的资产证券化产品往往是做完一次就了事，阿里-东方的资产证券化产品通过不断地循环购买，可以重复利用资金，从而使得资金效用最大化。

说到这儿大家会觉得这个东西很好，一年6%的收益率，比余额宝要好多了，余额宝的天弘货币基金的收益率才4.5%。不过这里有个疑问：该产品的风险在哪里？它毕竟不是银行存款，其风险就在于前面提到的杠杆设计结构。阿里小贷出5亿，从外面募集45亿，做成了1∶10的杠杆。如果贷款收不回来，就会造成重大损失。

我们看一个极端的案例。假如50亿贷款中有10%变成坏账，那么这5亿谁先赔？阿里小贷先赔这5亿，赔完之后剩下的投资者拿回本金，该项目清盘。因此阿里资产证券化产品成功的关键在于阿里小贷的不良贷款率，或者说是坏账率。根据公开数据，目前阿里小贷的坏账率不到1%，远远没有到10%，所以阿里小贷资产证券化通过质押资金放大杠杆的方式扩大了资金规模。

资产证券化的项目要经过监管层审批，是很麻烦的事情。在阿里小贷对资金如此渴求的情况下，阿里集团肯定还有更好的方法解决，用更多的方法扩大融资规模，拓宽融资渠道，这很可能是未来的余额宝2号的一个雏形，也就是说资产证券化产品其实是为未来余额宝2号打基础，用该方式将贷款规模做得尽可能大。

## 阿里金融架构

我们先来看一张图，如图 3 所示，传统银行是这样一种模式，储户把钱存到银行，银行把钱放贷出去赚取存贷差息差，国内目前息差差不多 3%以上，银行这么多年吃得非常爽。阿里金融没有银行牌照，而且也不想受银行监管，所以它没办法这样直接做，因为最关键的地方在于阿里金融不能揽储，否则就是非法集资。那么它怎么做？它现在通过余额宝、资产证券化和阿里小贷已经间接完成了银行的功能。通过余额宝吸收大多数人的钱，然后通过资产证券化将其打包成一个合法的产品，再去购买阿里小贷资产放贷给客户，虽然中间操作比较繁琐，但实际上阿里金融已经完成了一个银行的基础构架，只不过不叫银行而已。

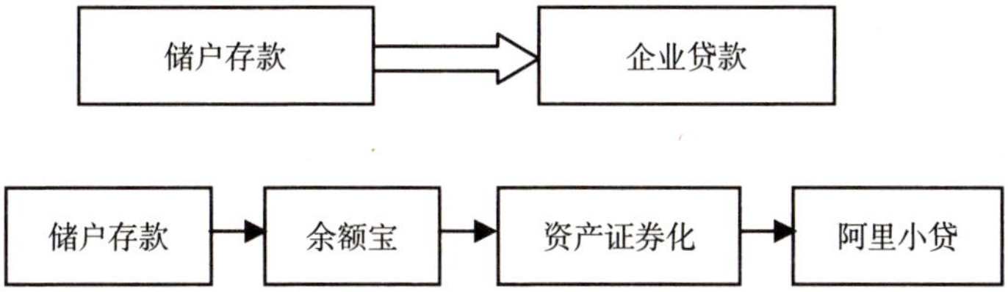


图 3 阿里金融架构示意图

提及银行，阿里金融的高管一致否认阿里曾萌发过成立银行的愿望，更愿意友好地把阿里与银行的关系定位为“合作”。成为“银行”便要受监管，但却能够通过揽储的方式扩大资金来源，并通过高杠杆撬动业务量。金融的魅力就在于杠杆，怀揣金融梦的 IT 人马云深谙此道，于是乎，没有银行牌照的阿里金融通过资产证券化业务使借贷资金得以快速循环使用，其借道证监会与保监会逃出了银监会与央行限定的杠杆牢笼。

马云爱下棋，排兵布阵，步步为营，不断谋划与筹措。业界认为资产证券化只是阿里挖掘定存市场的第一步，曾因余额宝一鸣惊人的天弘基金才是其进一步构筑金融帝国的关键砝码。

说到这里，大家可能问余额宝不是天弘的货币基金吗？货币基金只能投向于银行间市场，不能够买资产证券化产品。但是余额宝没说它只能买货币基金，它还可以做别的东西。阿里为什么要控股天弘基金？它实际上就想利用基金公司的牌照做更多的产品来扩大资金规模。

方法一：通过天弘基金发行债券基金的专户产品，用该专户产品购买资产证券化的优先端。普通的债券基金受监管比较严，但是债券的专户是可以这样做的。

方法二：通过基金子公司发行分级产品，在余额宝里卖优先端，后面次级部分，阿里小贷出一部分次级，让别人也出一部分次级。

方法三：直接对接一个私募债。阿里小贷可以发行私募债，现在监管层对私募债放得很开，任何人稍微有一定资质的公司都可以发行私募债，只要你能卖得掉并到监管层备案就可以，当然一般的企业私募债不好卖，因为没有信用做支撑。虽然现在很多私募债的收益都是十个点、十二个点以上，但是很多人都卖不掉。但阿里小贷的私募债肯定没有问题，因为它有阿里金融在后面做信用背书。

金融的本质在于信用，阿里小贷直接发行一个私募债，然后用天弘基金做一个债券基金，一对一买入该私募债，然后换个名叫余额宝 2 号，放在支付宝里卖就可以了。可以锁定该产品期限，比如说锁 3 个月的，支付利息 5%，锁定半年 5.5%，锁定一年 6%，锁两年给 7%，这样就可以做成一个系列的定期存款。

我相信在业务层面，阿里金融应该正在考虑这样的事，虽不知道什么时候会推出，但是从常理上讲，这应该是一个非常好的扩大资金范围的一个途径。余额宝是天弘的货币基金，马云没赚多少钱，那一点点的发行费和管理费对于阿里金融来说完全不值一提。但是把它做成固定存款赚息差之后，这就很恐怖，因为阿里小贷平均的贷款利率是 18%，如果在余额宝 2 里，以 6%的价格拿资金的话，中间会有 12%的息差，这才是真正的最大收益来源，此时它就完全变成一个银行。

阿里银行究竟能否成真？流言很多，真正的答案尚不得而知。然而，曲折放大的资金杠杆、通过隐形杠杆撬动的业务边界，阿里金融的确越长越像一家五脏俱全的银行。

从推出“诚信通”到推出支付宝，从 2010 年组建小贷公司，到 2013 年的余额宝以及资产证券化产品，阿里的金融帝国日益壮大，正用一系列惊天举动震撼中国金融业，甚至影响着寻常百姓的生活。但在惊叹之余，人们不禁要问：如此大手笔，胜算几何？如此大动作，改变几多？马云曾语出惊人——如果银行不改变，我们就改变银行。那么，以阿里金融为代表的互联网金融究竟能否撼动传统银行的强势地位，从而颠覆中国资本市场格局呢？

## 阿里金融的基石

阿里金融最近几年的动作让大家都很恐慌，特别是对传统金融行业，余额宝规模已超过 5 000 亿，如果它的余额宝 2 号把银行的定期存款也抢了，银行还怎么活？很多人，特别是很多银行工作人员表达过类似的想法。我这里要给大家打打气，大可不必如此恐慌，阿里金融没有想象中那么恐怖。

阿里金融为什么通过余额宝、资产证券化绕这么大一个弯子做一件事呢？根本原因就在于阿里小贷的收益率非常高，阿里小贷的年化收益率做到 18%以上是整个链条能够玩得转的关键。普通银行贷款也就 7 个点，给大企业只有 6 个点，你前端花 6 个点拿资金，后面拿 7 个点，中间的一两个点差还不够相关成本，那还玩什么。

为什么阿里小贷能够做到 18%的收益率呢？原因在于大数据的支撑，通过大数据分析淘宝的客户、天猫店的各种数据，进而分析借款人的信用及还款能力。因此阿里金融的基石是大数据，大数据覆盖的范围才能够拿到 18%的收益率。普通的民营企业、普通的商户没有数据做支撑，去阿里借贷，马云也不敢贷嘛，因为他不清楚情况。

目前阿里的大数据也只是覆盖了淘宝，只有在淘宝上开店的商家，天猫店开店的商家，包括未来可能会扩展到的一些联盟商家、电子商务网站才可能会有这样的数据。淘宝的天猫店是它最优质的数据来源，因为不仅有支付宝的交易数据，还有客服的数据、评级数据等。

传统银行与它的客户，特别是一些大中型的客户，这么多年已经形成了战略合作关系，阿里想进入不是容易的事。所以阿里金融真正冲击的是什么？我认为是中小商业银行，对四大国有银行冲击要小很多，因为它们有这么多年的基础，有很多企业合作。村镇银行跟小农户、小商户之间有很好的信用关系，这个也不是阿里金融所能替代的。而中小股份制银行主要服务于中小民营企业，这个恰好是阿里金融大数据的覆盖范围。

阿里金融这几年虽然很火爆，而且带热了“互联网金融”这个名词，但是我认为它没有想象中那么可怕，道理很简单，大象跑不快是因为它太大了，兔子跑得快是因为它小，当兔子长到大象一样大的时候，它一样也跑不快。现在阿里金融小，对市场的影响也小，当它长到几千亿，甚至上万亿规模的时候，也不可能做到这么高的收益率。所以余额宝 2 号的出现，对于普通散户来讲多了一个存款的渠道。对于阿里小贷来讲，获得了更多的廉价资金来源。最近很多做 P2P 平台的公司倒闭，我们会发现传统的、纯粹的 P2P 式贷款风险是巨大的，阿里小贷由于有大数据支撑，并且通过余额宝 2 号的方式使普通投资者也有机会获得低风险、较高的收益，这未尝不是一件美事。

# 阿里小贷为什么这么赚钱

本节阐述了阿里小贷的工作原理及收益率来源等关键问题，并提出阿里小贷的核心是大数据分析。基于阿里体系的大数据，阿里小贷可以实现低风险、高收益的信用贷款模式，这是银行和其他贷款平台所不具备的核心资源。

阿里小额贷款是阿里巴巴集团旗下，阿里小微金融服务集团推出的小额贷款业务，主要向淘宝、天猫等店主提供贷款，整个过程无需任何抵押，开网店超过 3 个月就可申请。截至 2013 年 12 月 30 日，阿里小贷累计发放贷款总额超过 1500 亿元，客户超过 64 万，而坏账率却不到 1%。其年化贷款利率大致为 17%~18%，毛利率在 15%左右，这使得阿里小贷的单日利息收入就超过百万，因此也被业内誉为“最赚钱的小贷公司”。需要提请注意的是，与市场上众多的小贷公司 30%左右的利率相比，阿里小贷的贷款利率之低，被称为“业界良心”。

## 什么是小贷

从上述资料可以看到，阿里小贷被誉为最赚钱的小贷公司名不虚传。一般的小贷公司年净利润也就几千万，但是阿里小贷仅 2013 年上半年就赚了 3.6 亿，阿里小贷到底是个什么样的公司？为什么会收益这么高？它在整个阿里金融版图中起什么作用呢?

首先来看阿里小贷的客户群是谁?顾名思义,小贷即小额贷款,是与传统银行的大额贷款相对应的。传统银行的客户一般是国企,像中国石油、中国石化、中国铁建这样的大家伙,或者大型的国有工程如高速公路、铁路等。这样的贷款每一笔都在几千万以上。小贷主要针对一些民营企业和小微企业,每一笔贷款可能就几千、几万,多的也不过几百万。

为什么传统银行不愿意去做小贷,而让专门的小贷公司从中获利呢?第一个原因是单笔贷款太小,银行实在看不上,银行这种庞然大物自然要做大项目,就像大象要吃很多树叶,肯定跟蚂蚁不一样。第二个原因是征信成本太高。贷款的核心是征信,我把钱借给你,我得知道你确实有能力还钱。传统的银行跟大机构合作,主要是靠信贷员的尽职调查。信贷员很多时候需要去现场查看企业情况,调阅财务数据等。经过一系列的分析,确信贷款人具有还款能力,道德也没有问题的,这个时候才敢放贷。由于大机构每一笔单子标的额都很大,贷款收益足以覆盖征信成本。但是在小额贷款方面,你一笔就几万、几十万,银行不愿意干这事,征信成本太高。还有个问题就是目前传统的银行贷款大都要有抵押品。而大多数的小微企业可用于抵押的物品太少,只有靠信用。中国的信用体系又很不发达,缺乏足够的消费记录,所以纯信用贷款银行不敢干。

这样就给了类似阿里小贷这样的小额贷款公司机会,大象有大象的活法,而蚂蚁有蚂蚁的活法,那么阿里小贷主要的客户群是什么样的呢?它跟其他的小贷公司又有什么区别?那我们来看下面这样一组数据。

## 阿里小贷特点

目前阿里小贷的放贷对象只限定为淘宝、天猫和阿里巴巴上的店主。阿里小微金融服务集团的统计数据显示,2013 年第三季度,在其所有贷款业务中，企业主年龄在 23 岁以下的“90 后”群体获贷小微企业达到 75 159 家，而企业主年龄在 23 岁至 33 岁的“80 后”群体获贷小微企业 163 217 家，两者合计占到该季度总获贷企业的 79%。80 后、90 后创业者成为阿里小微信贷的融资主力。

从上述数据可以看出，阿里小贷主要的客户群是淘宝/天猫店以及支付宝覆盖的商家、店家。一般的小贷公司主要客户群都是周围熟悉的人，比如几个人凑几千万搞个小贷公司，跟熟悉的人做生意，放贷款。这类小贷公司做不大，因为覆盖面太小了。淘宝、天猫毕竟是中国最大的电子商务平台和最大的网上商城，阿里小贷完全可以为自己旗下的店家服务。普通的小贷公司是以身边的客户为主，银行是以传统的大中型企业为主，所以这几个客户群基本上是没什么冲突的。阿里金融有两个小贷公司，一个叫阿里重庆小贷，一个叫阿里浙江小贷，注册资本分别是十个亿和六亿，总注册资本是十六亿，如图 4 所示。根据小贷公司的运营规定，它最多能够融 50%的杠杆，最大的放贷额度是 24 亿。阿里小贷短短几年时间发展这么快，利润这么高，主要的原因有以下几方面：

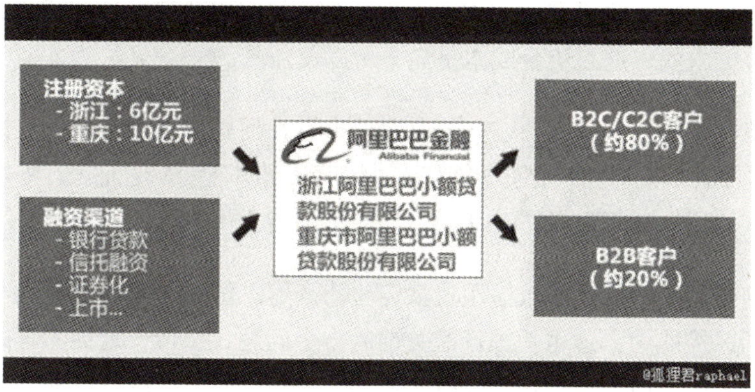


图 4　阿里小贷公司基本情况

第一个原因是信用贷款，这一点非常重要，大多数银行，包括很多小贷公司放款的时候都需要客户有抵押，但是对于大多数小微企业而言，没有抵押条件，所以它们从银行或其他一些金融机构是很难拿到贷款的，而它们恰恰对资金的需求量又非常大。阿里小贷以信用贷款为主，不需要抵押，通过数据分析了解到需求方有信用，有还款能力，道德也没有问题后就放贷，所以这就是它受到欢迎的重要原因。

第二个是放款快，阿里小贷差不多 7 天就可以放款，如果资料填得全的话，2～3 天就可以完成相关流程。到银行贷过款的人知道，银行贷款手续相当复杂，一两个月是常事，为什么？因为它要上交很多报告，要做很多尽职调查，要填很多表格，要上风控委员会讨论，无数人在后面审核，审完之后还需一个个签字，最后是行长签字才能把钱拿出来，这套流程走下来，一两个月也就过去了。而阿里全部是网络化进行，申请贷款网上提交，数据分析也是网上，划款也是在网上，所以说只要资料全的话，几天就可以收到贷款。对贷款人而言，很多时候其实就缺那么几天钱，临时周转不过来，为这个到银行去花一两个月时间，不值得。

第三是因为贷款成本较低，当然这是相对于其他的小贷公司以及民间借贷而言，银行的贷款要六到七个点，民间借贷要 25%以上，阿里小贷平均的贷款利率大概只有 18%左右。因此对于淘宝的商家而言，特别是有短期资金需求的，这点资金成本是完全可以覆盖的。

第四是因为周转率快。我们来看一个有关阿里小贷周转率的数据，阿里小贷 2013 年上半年贷了 500 亿，相对于其资本金 18 亿而言，平均每个贷款人的周转时间只有 7～10 天，其他的小贷公司根本做不到这点。

阿里小贷为什么敢做信用贷款，为什么可以做到 18%的贷款利率？关键在于风控能力，这也是银行最关键的一个问题，银行一定优先考虑国有大企业，根本原因还是在于国有企业的信用等级高，还款能力强。这种情况下，大企业有议价能力，只能给银行 6～7 个点的贷款利率，银行也只能接受。对于信用贷款，借款人没有任何抵押，只有信用记录，这时候关键取决于对贷款人的信用判断，这个判断的基石就是大数据。

## 什么是大数据

阿里小贷针对众多的贷款申请者建立了一个“草根”征信系统。全国4 200万小微企业中，超过800万家在阿里巴巴平台上进行买卖，支付宝沉淀了庞大的后台数据，这个“草根”征信系统因此极富价值，可以为信贷业务提供强大支持。有电子商务资深专家表示：“阿里巴巴不但掌握网商的资金流动数据，还了解它们的整个运营细节，包括企业订单数量、销售增长、仓储周转以及投诉情况等，这让阿里巴巴比任何一个金融机构都更了解小微企业客户。”

到底什么叫大数据呢？大数据就是人类社会的各种行为进行数字化后产生的海量数据集，基于大数据的各种分析，可以寻找人类社会的规律。

最早提出“大数据”概念的机构是全球知名咨询公司麦肯锡。麦肯锡在研究报告中指出，数据已经渗透到每一个行业和业务职能领域，逐渐成为重要的生产因素，人们对海量数据的运用将预示着新一波生产率增长和消费者盈余浪潮的到来。

麦肯锡的报告发布后，大数据迅速成为计算机行业争相传诵的热门概念，也引起了金融界的高度关注。随着互联网技术的不断发展，数据本身是资产，这一点在业界已经形成共识。如果说云计算为数据资产提供了保管、访问的场所和渠道，那么如何盘活数据资产，使其为国家治理、企业决策乃至个人生活服务，则是大数据的核心议题，也是云计算内在的灵魂和必然的升级方向。

我们平时的消费，比如买房子、买车，到商场买东西，很多是刷卡，刷卡之后就有消费记录；我们的资产，比如房产、工资等也有记录。根据这些记录可以判断出两个东西：第一是有没有还款能力，第二是有没有还款意愿。贷款业务中最根本的就这两个东西。有一句话叫“银行是晴天送伞、雨天收伞的机构，嫌贫爱富的”。为什么银行那么喜欢富人：第一富人有还款能力，第二他有还款意愿。

淘宝有一套完整的信用体系，淘宝商家可以从最低的一钻做到皇冠、金冠，这些高等级的商家就是信用比较好的借款人。这些商家是有还款意愿的，因为只要有一次不还款，信用等级就会被降，甚至会有店被封的后果，花了三五年才做到的规模，有必要为贪淘宝这一点钱不还款吗？还款意愿来自于投入，这是经济学中的一个最基本的原理：投入得越多，就越不会背叛。

店家如果在淘宝上做了多年，有了足够的信誉度，不值得为贪这一点点钱放弃信用，所以这就解决了道德风险问题。第二个问题还要看有没有还款能力，淘宝上几乎所有的交易都通过支付宝进行。我缺钱要贷款，但是货都卖出去了，客户的钱都已经打到支付宝里，只是还没到账，这时候淘宝后台数据一检索发现原来你是有钱的，只是短期缺钱，可以暂时放给你。所以阿里小贷的信用分析是基于大数据的。

**大数据挖掘技术**

淘宝的后台数据库中有淘宝所有的交易记录，做信用分析的时候用到数据挖掘技术。大数据是产业界的一个名词，实际上在学术界这门学科存在了很多年，叫做数据挖掘。下面我们用一个案例说明数据挖掘的原理。

数据挖掘的历史上有一个很有趣的关于啤酒和尿布的故事。说的是美国一个大商场，通过数据挖掘发现美国的男人在买啤酒的同时也会买尿布，大家觉得很奇怪，因为按正常的理解，买啤酒之后应该买面包或者买零食啊，为什么会买尿布呢？后来商家跟踪分析发现原来美国男人是被老婆差来买尿布的，买完尿布之后，他就顺手拎一瓶啤酒回家。

然后商家就调整把啤酒跟尿布摆在一块儿，这样使得有潜在消费意愿的客户被激发产生真实消费，啤酒的销售量提升了不少。现在很多超市里面商品之间的互相搭配都是有数据分析做支撑的，通过数据分析发现消费之间有促进作用，这就是数据挖掘在超市中的应用。

这种数据挖掘技术叫做频繁模式。频繁模式主要考虑两个因素：一是这样的行为是不是会经常发生；二是这些行为之间成功的概率是多少。以上述啤酒和尿布为例，如果整个商场的交易中该现象只有万分之一，就没有意义，若到了5%就有意义了。第二个因素是说啤酒和尿布之间有多大的关联度，比如有90%的男人买了尿布之后会买啤酒，这就有意义；如果只有20%的男人买了尿布之后买啤酒，这样就没有意义。综上，频繁模式的两个最关键指标是出现的频率和关联的概率。这个东西怎么用于阿里小贷的信用分析呢？

第一，好的公司、好的商家一般都会有一些共同的特征，就像我们平时说的，屌丝有屌丝的气息，高富帅有高富帅的气息，这些完全可以通过数据分析得出。比如好的公司的交易量会比较大，客服应答的速度很快，商品的上架、下架的周转率高，后台数据分析发现这些特征后，就可以知道这是一家好店，可以给它放贷。

第二，一些恶意客户的生意不好了，准备把店卖掉，在此之前贷一笔钱，然后跑路。恶意客户做这种事情前肯定会有一些蛛丝马迹，比如他会把货品大量清仓，或者用淘宝旺旺聊转让店铺的事，即会出现一个频繁模式，根据后台数据分析可以判断出这个客户可能会有问题。一旦出现这种情况，可以将其列入黑名单，或者将其贷款额度降低。骗子的骗术一般有着共性，人工一个个地看肯定来不及，但是利用计算机能够识别出。这是阿里小贷最核心的技术，是它为什么敢做信用贷款的原因，因为有大数据做支撑。

马云一直在说未来阿里最关键的东西就是大数据。没有大数据做支撑，就没有18%的收益率，其他的诸如余额宝、资产证券化之类的都没有意义，大数据是阿里金融的基石。

## 阿里小贷和 P2P 的区别

我们会发现阿里小贷跟其他的一些小贷公司，比如人人贷这样的不一样。那么人人贷到底是个什么东西？它实际上是贷款的中介机构，是个平台，即所谓的 P2P，就是人与人之间的借贷平台。比如说我是要用钱的人，我在网上发消息，你是想放钱的人，也在网上发消息，人人贷帮助撮合一下，然后收取中间手续费。

通过前面的阐述，大家明白阿里小贷更像个银行，它跟其他的小贷公司有着本质的区别，阿里小贷直接把钱放给你，我们暂且把它叫做 P2C。那么阿里为什么不做小贷平台呢？按理说阿里本身就是做平台出身的，在淘宝上挂个 P2P，让大家去玩不就好了吗？其中有两个原因：

第一，盈利实在太少。我们知道淘宝做了很多年都是不盈利的，后来做天猫之后才盈利。放给你 18%，通过 6%拿资金，中间白赚 12%，但是如果只做 P2P 的话，一笔交易收 1%～2%的佣金不得了。这跟阿里小贷自己独吃完全不一样。

第二，信用分析是核心。人人贷也一样面临这样的问题，那么多投资者愿意把钱借出去是因为人人贷做中介，万一投资者借钱出去后，别人还不了了人人贷总要负一定责任，所以这些借款平台需要对借款人做信用分析。阿里小贷利用大数据可以对商家进行信用分析找到优质的借款人，中间差价才是最有价值、最有丰厚利润的一块，这个自然是阿里独吃。

只有基于大数据，才能分析出贷款人的信用情况，否则人人贷风险也很大，但问题是人人贷压根就没有阿里金融那样的大数据支撑。核心技术缺乏，就只能做平台，而阿里小贷既然有核心的信用模型，为什么要去干人人贷这种只赚那么一点点中介费却累得半死的事情？

# 阿里金融最后一步：银行

本节从前沿探索的角度，讨论未来阿里银行的结构、功能和优势。并得出结论，阿里银行肯定不会采用传统银行的模式，而是会基于阿里云平台的大数据，使得客户服务更加方便，存款收益更高，贷款利息更低，从而推动中国整体金融的健康竞争和发展。

银监会召开2014年全国银行业监管工作电视电话会议时明确提出民营银行首批试点3至5家，成熟一家批设一家。此前，银监会前副主席蔡鄂生曾公开表示民营银行牌照第一批有望在2014年3月份前发牌。首批牌照将花落谁家？业内人士分析，首张民营银行牌照很有可能花落阿里。阿里金融旗下的小贷公司和首批获得央行第三方支付牌照的网络平台支付宝，以及去年推出的叫板传统银行的余额宝已经形成整个架构，最终阿里金融要做成什么样的东西呢？我们来看阿里金融的最后一步：阿里网络银行。

2014年关于网络银行、民营银行的消息甚嚣尘上，那么到底什么是阿里网络银行？它跟传统银行有什么区别？阿里为什么要做这样的网络银行？这能为普通老百姓带来什么益处呢？以下是我自己的一些观点。

## 账户维护很方便

传统银行账户维护实在是麻烦，你必须到银行的网点去开户，要是卡丢了，去补个卡，还得在那儿排队排老半天。我因为经常出差，好几次把卡丢了，最后迫不得已到银行网点去补卡。一进去，里面都是大爷大妈在前面坐着，一点小事一办就是一个上午，对于我这种商务人士而言效率实在太低了。

如果是阿里的网络银行，我相信首先支付宝就可以直接变成客户的银行账户，其次就是微博。我们知道阿里已经入股新浪微博，可以想象下以后刷微博的时候，下面可能会有个银行账户，我们把钱从一个微博账号转到另外一个账号非常方便。如果要销户、转户、申请信用卡，我都可以在网上解决，之后快递给我即可。所以从技术上来讲，这样是完全没有问题的。

那么为什么传统银行不在这方面发展呢？可能有两个原因：第一是它们目前整个后台的 IT 系统不支持，传统银行的 IT 系统是很多年前建的，其基本架构称为 CS 架构，就是客户端/服务器架构。C 是 client，表示客户端，S 是 service，表示服务器。我们平时在银行的网点看到柜员面前都有台机器，那就是客户端，很多的业务操作都会在上面进行，然后通过银行的内部网络传到银行的数据中心去。这种方式好处在于一是整个系统的架构比较简单，二是它走内部网络，安全性会比较好，而且速度也会比较快。

如果变成网络银行方式，也就是 BS 架构，目前的支付宝、余额宝、微博等都是 BS 架构。B 是 browser，表示浏览器，S 是服务器。这种架构的特点是支持高并发数据，可以同时支持几千万人使用。由于是通过互联网方式，它的安全性保证难度比较大。因此为了保证安全，要做很多的安全设施，其计算机系统要比传统 CS 方式要复杂很多，投入也会大很多。当然银行不缺钱，银行真想干，只要投钱，有的是 IT 公司帮它干，但是银行不想干这件事，因为第二个原因，一旦决定做这样的事，就意味着会带来大量的失业，这会带来严重的社会问题。

对于阿里巴巴、百度、腾讯而言，在这方面没有任何负担。它们的 IT 系统都很庞大、复杂，升级成本很低，没有传统银行所需面对的问题，所以我相信阿里网络银行的账户维护一定会采用目前的互联网方式，这会大大提高效率，也是我非常期待的一件事情。

## 转账不要钱

现在跨行跨地区的转账都需要支付费用，我经常到处出差，在将北京卡上的资金转到上海的银行卡，差不多最贵的时候被收过 1%的手续费。一年的利息才 0.35%，结果转账一次收 1%，这个实在太黑。还有一个是在商场买东西刷 POS 机时，通常我们认为刷 POS 机的费用由商家付，实际上不是。你刷 POS 机的时候，商家要给银行付钱，而羊毛出在羊身上，商家会把商品价格提高，最终还是我们老百姓付钱，银行的转账费用实在是太高了。

近几年曾经财大气粗的商业银行纷纷开始在短信提醒、更换银行卡，借记卡小额账户管理费等小钱上跟广大储户斤斤计较。银行业人士指出，随着利率市场化的启动，银行背靠利差坐收利息收入的好时光已经一去不复返，因此纷纷转向中间业务要利润。

根据 2013 年底公布的银行业三季报显示，截至 2013 年三季度末，8 家股份制银行手续费及佣金净收入增长幅度超过 45%，其中平安银行、兴业银行、光大银行、浦发银行、中信银行增长幅度均超过 50%，由此可见，手续费收入已是拉动银行利润增长的“火车头”。而在发达国家，银行一般也主要是靠中间业务来赚钱的。从这一方向可以看出，任何国家银行的好日子总有到头的一天，银行也很难吃上免费午餐了。

支付宝现在如果通过互联网的方式向银行卡转账，会收千分之二或千分之一点五的费用，两小时之内到账的话是千分之二，隔日到账是千分之一点五，比银行要便宜很多。还有一种方式是免费的，就是你可以在手机上通过支付宝客户端进行，这样跨行转账免费。我现在把几张银行卡和支付宝客户端绑定，就可以直接通过“卡卡转账”功能实现跨行转账，最慢2小时到账，很多时候只要十几分钟就可以完成，而且免费。

银行为什么要收那么多的跨行转账费呢？第一个原因是银联要收取相关费用，但是远远没有到目前转账费用那么高的地步；第二个原因是银行的机构太繁冗，成本太高。那么多网点，那么多人要养，相关成本很高，只能够通过各种方式去“盘剥”，再说银行牌照是垄断的。以阿里网络银行为代表的互联网金融机构则不同，整个系统的成本非常低，所以完全可以打价格优势战，没有必要通过转账途径来剪羊毛。

## 存款利息更高

这个从余额宝就已经看出来了，现在余额宝平均年化收益率大概在4%左右，高的时候在5%以上，它基本上是一个跟活期存款一样的东西。

数据显示，截止2014年12月31日，天弘基金公募资产管理规模为5898亿元，比排名第二的华夏基金多出约2559.23亿元，其中余额宝贡献了98%的规模。2014年年末，余额宝规模为5789亿元。

余额宝曾在2014年三季度出现净赎回，规模出现下滑，2014年第三季末余额宝规模5349亿元，较二季末的5741.60亿元下降6.8%。2014年年末，余额宝规模增至5789亿元，相对于第三季末规模增加8%。

事实上，阿里金融已经将活期存款利率提高了十几倍。有消息指出，近期银行的存款正以每天几亿元的速度在缩水，而同时又要支付高出以往百倍的利息，给诸如余额宝类的第三方理财渠道，因为阿里们正携着从银行流出的巨款，胁迫银行就范。

这说明银行其实完全可以承担较高的资金成本，因为贷款收益成本高，利差相当大，但银行为什么不愿意干这个事呢？第一个原因是国家利率管制。国家规定了活期存款、定期存款的利率上限，自然就不能给储户提供更高的利息，否则就是违反了规定。其实更重要的原因还是在于银行的垄断地位，既然被管了，那我就乐得去赚这个差价嘛，反正也没什么竞争。可能中小银行压力大一点，给出的利率稍微高一点，但是跟阿里巴巴这种网络银行，另外一个行业杀出来的野马完全不一样，依然要比阿里网络银行给出来的资金利率要低很多。

中国这么多年由于经济的快速成长，很多行业对资金的需求很大，能够承担较高的贷款利率，银行其实可以给普通储户较高的存款利息，但是因为国家利率管制，普通老百姓实际上一直在补贴银行，补贴富人。为什么穷人越来越穷？存在银行里面就给这点利息，但富人拿过去贷款干别的事，可以赚很多很多的钱，这样造成贫富差距越来越大，银行也从中赚了很多钱。之前有一个银行行长说，银行钱赚得都不好意思说了。所以非常期待阿里网络银行作为一个外来鲶鱼能够打破银行的垄断，给普通储户带来比较高的利息。

阿里网络银行之所以能够提供比较高的利率，根本原因还是在于它的成本低。这也是互联网为什么能够颠覆大多数传统行业的原因。

### 贷款利率更低

此处的贷款利率不是普通贷款，是针对民营企业的贷款。民营企业想从银行贷款非常难，它们不得不通过民间借贷的方式融资，江浙一带民间借贷利率差不多是 25%到 40%之间，而阿里小贷平均的年化收益率只有18%左右，虽然它比银行贷款利率要高，但是比民间借贷依然低了很多。

阿里为什么能做到这一点？因为它有大数据做支撑，通过后台的数据能够看到交易信息、信用信息，这样通过分析能判断出来财务状况和还款的可能性。

民间资金的借贷利率那么高，有一个风险溢价的概念在里面。因为不知道你能不能还钱，所以要将利息收高点，反正三个里面有两个还钱，那就不亏了嘛。如果有一种方法能判断出对方的还款能力，这时候就可以降低资金利息，阿里就做到了这一点，基于大数据分析判断出商家的财务状况和还款能力，所以其贷款利率比民间贷款要低很多。

我这里讲的贷款利率不是针对国有大企业、国有大工程，它们依然会去国有银行贷款，那个成本很低。对于占据中国 70%GDP 的民营企业来讲，通过类似于像阿里小贷或者阿里网络银行以及其他网络银行的方式，会降低资金成本，这有利于国民经济的健康良性发展。

### 理财方便

很多投资者并不满足于仅仅把钱存在银行里赚一个定期利息，他们希望有更高的收益，一般会考虑买基金，我们平时怎么买呢？一般是去银行、证券公司或者第三方支付平台。到银行柜台要填一堆的表格，如果去证券公司的话更麻烦。你必须去现场开户，所以这种购买基金的方式非常不便。余额宝为什么在短期内做这么好，除了收益率高，还有一个重要原因是它买基金很方便，只要点击“转入转出”就完成了基金的申购赎回，不需要到基金公司去，也不需要去银行，非常便捷，这是互联网公司对用户体验方式非常重视。

以支付宝为代表的移动终端如理财通、财富通等，用户量巨大。通过移动终端对接基金产品提高了普通用户的使用便捷性。

阿里巴巴目前跟民生银行达成战略合作做直销银行。直销银行是什么？就是民生银行把它的金融产品如各种理财产品、债券产品等放到阿里巴巴来卖，通过支付宝支付非常方便。

所以未来大家可能会看到在支付宝或者阿里网络银行里面有很多的金融产品供选择。想赌股票的就买股票基金，想买货币的就买货币基金，要想买债券就买债券基金，如果你能承担更高风险，可以买对冲基金、期货基金、外汇基金等。有了这个平台以后，阿里就不仅仅是一个普通银行，还做了很多中间业务，这会是它一个重要的收入来源。对普通老百姓而言，有了更多选择，毕竟一个银行里产品数量有限。

## 国外网络银行

其实网络银行并不是新鲜事物，在国外早就有。

不难想像，呼之欲出的民营银行将以互联网为利器，但从国际商业银行的经营管理实践来看，以“网络银行”为主的民营银行并非新生事物。1965 年在法兰克福成立的储蓄与财富银行，一改传统的零售银行服务对分支行系统的依赖，代之以通过邮件、电话、微机、自动出纳机、双向有线电视等媒介，直接向远距离顾客提供金融服务。但是由于业务规模小，品牌影响力有限，多年来并未引起人们足够的重视。

美国 SFNB 银行是全球第一家纯网络银行，是第一家获得联邦监管机构认证可以在互联网上营业的银行，也是第一家获得联邦保险的网络银行，在美国 50 个州都有客户和账号。开业之初，它只雇用了 15 名员工，为 12 000 万个因特网用户提供了几乎全部的金融服务，并一度成为美国第六大银行，资产达到 1 260 亿美元。但是随着电子商务低谷的到来，1998 年 SFNB 因巨额亏损被加拿大皇家银行收购，成为 RBC 的一个有机组成部分。此外，由荷兰国际集团 1997 年在加拿大创立的 ING Direct 网络银行，虽然一直与传统银行并存，但鲜为世人所知，其业务量也一直未成气候，放眼望去，不提中国，国际上目前仍是传统银行的天下。

2014 年，阿里将推出民营网络银行的消息被热议，不知阿里金融帝国是否能真正俘虏占世界四分之一人口的中国人的心，从而改变传统银行统治的世界银行业的格局呢?

国外早就有类似的网络银行，但是做得不是很好，那么在中国能做好呢？实际上我们会发现很多奇怪的现象，海外很多成熟的商业模式到中国就不行，在海外不行的到中国发展得很好。比如可口可乐在美国很牛逼，到中国就不如百事可乐。比如支付宝，国外没有支付宝这样的东西，美国的 PAYRAL 和支付宝还是有很大的不同。所以中国确实有国情特色，网络银行在中国能成功吗？如果能成功，原因在哪里？

我认为根本原因在于中国的利率管制。自 2013 年 7 月 20 日起，我国全面放开金融机构贷款利率管制。央行称将取消金融机构贷款利率 0.7 倍的下限，由金融机构根据商业原则自主确定贷款利率水平。取消票据贴现利率管制，改变贴现利率在再贴现利率基础上加点确定的方式，由金融机构自主确定。对农村信用社贷款利率不再设立上限。但值得注意的是，为继续严格执行差别化的住房信贷政策，促进房地产市场健康发展，个人住房贷款利率浮动区间暂不作调整。但是作为最重要的存款利率，尤其是活期存款的利率，依然处于管制之中，这就给国内银行带来了稳定的息差。这也是余额宝这类宝宝最大的生存空间。

但是海外市场这两方面的限制早已经取消，利率完全市场化，各大银行处于充分竞争中。传统银行价格战早已经打到骨头里面，很便宜了，就算通过网络银行也不见得比它好到哪里去。但是中国由于利率管制，存在一个很大的利差空间，这是余额宝类互联网金融产品的成功关键。普通的活期存款给我千分之三，余额宝给我百分之四，我为什么不往里搬呢？如果说余额宝只给我千分之四，那我也就懒得动了。

同样的，阿里小贷 18%年化利率，民间借贷 40%，融资人当然选择阿里小贷。如果民间借贷跟国有银行差不多，那为什么还要去找网络银行借？市场上巨大的利率价差是网络银行真正发展的最根本原因。如果未来中国的利率全放开，所有银行都是公平竞争，价格战打到骨头里面去，网络银行跟传统银行也没什么区别，那时候网络银行也就不会成为众人期待的焦点了。

那么前面讲了这么多关于阿里网络银行的好处，大家可能会问这么好的东西什么时候能实现？其实不仅阿里巴巴，很多民营企业都在准备做银行，上海、北京市中心最好地段早就被国有银行占了，网络银行不可能跟传统银行拼网点。

所以最好的方式一定是通过网络银行去做，可能未来我们会在网上看到很多的网络银行，因为网络银行相对来说成本较低。

其实互联网对传统商业的颠覆早就开始了，最近几年，人们习惯在网上买东西，网上订票，网上选座，非常方便，节省大量时间。未来十年我相信被颠覆最大的应该是金融行业，特别是银行。

## 网络银行的冲击

前面讲了那么多网络银行的好处，那网络银行能否取代传统银行呢？答案是否定的，我认为它会跟传统银行分庭抗礼，像电子商务发展这么多年，依然无法取代实体商务，因为毕竟有太多的东西需要通过我们先去看、触摸、感受，然后去做。

传统银行的优势在于那些大中型企业客户，像中国石油、中国石化，中国铁路等企业一定是大国有银行的“私家花园”，是网络银行无法触及的。民间的贷款利率很高，传统银行由于风控的原因不能触及这块，无法参与民间放贷，网络银行实际上覆盖的就是这个市场。传统的大银行依然会存在，它们的服务虽然很不方便，但是可以为大国企服务。很多国企的存款是在四大国有银行，贷款当然也从那这儿拿，这些不是网络银行能够取代的了的。网络银行挤压的对象更多是那些中小银行、村镇银行以及以民间借贷为主的金融机构。

很多传统银行现在也在做网络银行，它们会做得好吗？它们能够打败阿里银行吗？我并不看好。传统银行早就有网络银行，银行间的计算机系统是最早联网的，比互联网的出现还要早；网银十年前就有了，它一直都发展不起来，为什么？这是由传统银行的基因决定的，其组织架构、用户友好性、用户体验实在太差。现在银行也都有手机客户端，但是用起来很不舒服，安装也很麻烦，转账很麻烦。所以它只是传统银行外面包了层互联网的皮，整个服务依然很官僚。

阿里巴巴当初能够成功，其中一个重要原因就在于用户体验特别好，通过支付宝买东西特别方便，用起来特别舒服。因此我并不看好传统银行做网络银行，难以成气候。

总之，网络银行未来会给普通用户提供非常好的体验和服务，给传统银行带来巨大冲击。未来银行会两级分化，国有大银行树大根深，不会受到太大的冲击，但是中小股份制银行恐怕压力就会大很多，我乐于见到这种竞争，这会给普通用户带来更多实惠。

# 淘宝基金购买宝典

本节通过淘宝基金来谈谈有关基金的投资问题，淘宝基金之所以惨淡的原因其实很简单：缺乏信用支持。金融的核心是信用，不是简单地将销售渠道搬到淘宝上就可以的，关键还是要了解各种基金的特性和投资方法。本节就阐述了固定收益类、主动管理类、被动管理类、杠杆类等基金的特性和各自的评价标准。

自从余额宝疯狂成功后，基金公司仿佛发现了一块新大陆，在淘宝上大量开基金店，但是结果却差强人意，我们来看一下相关数据。

VTR 1规模超过2500亿元，客户数超过4900万，平均每分钟净申购300万元，每天净资产规模增加超43亿元，基金公司排名世界14，国内第一，天弘的成功让其他基金公司看红了眼。

2013年11月1日中午12时，工银瑞信、国泰、鹏华、德邦、富国和易方达等首批17家基金公司淘宝店正式上线营业，誓要与余额宝一决高下。纵然使尽了浑身解数，上线当天的销售额还是被媒体用差强人意来形容，开张三天总成交量仅388万元，首批上线的116只基金产品中，20%的产品无成交记录。

上线一个月后，17家基金公司淘宝店一个月的销售量加起来仅4.3亿元。相比余额宝上线首日的申购额就达到3.5亿元，后继者百度首款理财品上线不到 5 个小时就卖掉 10 亿元的业绩相比，基金淘宝店情何以堪？问题究竟出在哪儿？基金公司们幻想中的热销、抢购，如余额宝般的疯狂场景为什么完全没有出现？

## 淘宝信用体系

上述数据显示，淘宝基金的表现跟余额宝天差地远，为什么会这样？很多基金公司在上淘宝开店的时候，根本就没搞清楚余额宝成功的关键在哪里。其实余额宝成功的核心在于支付宝或者说阿里巴巴集团做了一个信用背书。

我们先来看淘宝当初为什么会成功？它的成功之处在于支付宝，如果没有支付宝的话，没有人敢在淘宝上买东西。支付宝主要起到以下几个作用：第一个是资金安全。买货时，钱若直接打给商家，商家不发货了怎么办？或者商家货发给客户后，客户不愿付钱了怎么办？这需要有一个公信力第三方，就是支付宝。钱都打给支付宝，商家货发给客户后，支付宝再把钱打给商家，这样的流程大家都放心。第二个用处是店家的评级。你做得越好，销量越大，级别就越高。在这种情况下，信用等级高的商家会获得更多的客户信任，商家就不敢坑蒙拐骗，从而形成良性循环。这是淘宝这么多年来能获得越来越多用户的两个根本原因。

但是这两个核心价值在基金销售中完全没有意义。买基金的时候，当钱打进去后，基金份额实时到账的，基金公司都有监管层监管，所以完全不用担心钱划去之后基金公司不给基金份额，它要去备案的，所以支付宝的资金安全优势没能发挥作用。由于有信用体系做支撑，在淘宝商家买货若觉得不好的话可以要求退货、退款，但是买了基金怎么退？只能赎回。中间如果亏钱了，基金不可能把全款退还，因为投资者需要承担一定的风险。由于这两个因素，支付宝的两大核心价值对于基金产品完全不起作用。

余额宝为什么会成功呢？关键在于余额宝是支付宝的余额宝，客户不是因为相信天弘基金购买的，而是因为相信支付宝。支付宝绑定了天弘基金的货币基金，现在天弘基金已经被阿里巴巴收购，淘宝在大面积推广支付宝钱包，大家已经忘记后面是谁，只知道这是支付宝的余额宝。实际上是支付宝给天弘货币基金做了信用背书。

在网上买衣服、买电脑的人对基金基本上没啥了解。对于阿里巴巴来说，余额宝是“嫡传长子”，淘宝基金就是个“私生子”，不可能得到淘宝流量导入。虽然同是货币基金，但是天弘货币基金跟其他基金公司的货币基金有很大区别，天弘的货币基金由淘宝做信用背书，而一般的基金公司没有这个，在这种情况下，淘宝只是一个普通的渠道而已，跟银行渠道、券商渠道其实是一回事。

普通用户对淘宝基金了解甚少，所以会非常谨慎地购买。同样买货币基金，那不如直接买余额宝，现在余额宝的收益率在货币基金中排名前几，没有必要花费很多精力、时间去了解、购买另外的货币基金。

同时余额宝交易也很方便，可以用余额宝直接购物、充值，普通淘宝基金上的货币基金没有这个功能。所以这是淘宝基金不能成功的原因，而且我也看不出它未来有成功的可能性。

## 主要基金产品类型

淘宝基金店开张之初赚足眼球，而如今却业绩平平，除了因为基金公司没有真正了解淘宝这个平台之外，淘宝上的“亲”们也并不了解这些基金公司卖的“宝贝”究竟是些什么东西。

基金，通俗一点说就是由一个有公信力的、专业的人或机构将零散投资人的钱聚集到一起，投资到股票、债券、货币等金融产品上，为投资人获得收益。目前中国的公募基金总数为 1 466 只，资产总规模达

28 133 亿元，由约 817 名基金经理掌管。

抛开淘宝基金店成功与否不谈，这么多的基金产品，我们该如何挑选？哪只基金适合购买？

下面通过介绍淘宝上目前卖的基金种类，以此为契机给大家梳理一下目前的基金产品类型：

第一种叫固定收益类。它主要分为货币基金和债券基金两大种，从名字就知道固定收益类产品一般会给投资者一个较为稳定的收入，比如货币基金平均是 4%～5%之间，债券的话可能会高一点，在 5%～6%之间。

第二种叫主动管理类的股票型基金。股票型基金是风险收益基金，买股票不一定会赚钱，不过从历史的长期来讲，股票长期配置的收益肯定比债券基金更好，但是需要注意交易时间点。如果 2005 年年底买入，后来的 2006 年、2007 年两年赚得很多，但是假如 2007 年底买入，到现在都会亏得很惨。主动管理类的基金一般分为股票型和混合型两种，后面会仔细阐述。

第三种称之为被动类的股票基金。主动管理类的基本假设是基金经理水平比较牛逼，比大多数人好，但是随着市场的有效性越来越高，大多数基金经理的产品是无法超越市场的。诺贝尔奖得主尤金·法玛的一个重要学术贡献叫有效市场，该假说认为大多数的基金跑不赢指数，这种情况下，投资者与其去赌那少数可能会跑赢指数的基金产品，不如直接投资指数基金。被动类的产品主要有指数基金、ETF 基金和指数增长基金等。

第四种叫杠杆类的产品，也就是分级基金。由于投资者风险偏好不同，有人希望获得固定收益，有人想赌高收益，那可以把基金分为 A 级和 B 级两个部分，其中 A 级是固定收益类，B 级是风险收益类。净值波动特别大时，风险偏好型投资者就买 B 级，不想赌的人买 A 级，这个即杠杆类。

目前基金公司的产品基本上可以分为这四大类，当然还有很多的创新类产品，目前不占主流，这里不做详细解释。

### 固定收益类

首先来看一下固定收益类中的货币基金，这个代表产品就是余额宝，它的主要投向是银行间市场，其中90%是协议存款，其他的包括逆回购、大额存单等。特点是风险很低，当然收益也比较低。

从首批上线基金公司主打的产品来看，低风险的固定收益类产品是其推广的重点。尤其是在余额宝的规模示范效应下，大多数基金公司都将货币基金作为其淘宝店的主打产品进行推广。余额宝的成功，让其他互联网巨头、基金公司甚至银行也纷纷加快推出同类产品的步伐。

2014年1月15日，苏宁云商旗下易付宝的“类余额宝”余额理财产品零钱宝正式上线；2014年1月16日，华夏基金宣布与腾讯合作的微信版余额宝正式上线；工行也推出名为天天益的理财产品。据粗略统计，目前市面上的类余额宝产品已经多达20多种。

表1显示了2013年几个主要的货币基金的收益情况。

表1　2013年主要货币基金的收益情况

| 基金简称 | 2013年收益率 |
|---|---|
| 长城货币B | 4.12% |
| 银河银富货币B | 4.04% |
| 长城货币A | 3.87% |
| 泰达宏利货币 | 3.86% |
| 天治天得利货币 | 3.81% |

续表

| 基金简称 | 2013 年收益率 |
| --- | --- |
| 银河银富货币 A | 3.79% |
| 国联安货币 B | 3.74% |
| 泰信天天收益货币 | 3.71% |
| 申万菱信收益宝 A | 3.64% |

数据来源：好卖基金

如何挑选货币基金呢？货币基金规模越大，收益越好，因为货币基金规模上去之后，和银行谈的协议存款的价格就不一样了，规模越大，银行肯定要给出更好的价格，这就是一个存款团购的概念。50 亿和 500 亿去存，银行给出的利率肯定不一样。虽然现在有很多货币基金，我个人认为天弘的货币基金，也就是余额宝肯定将一家独大，很难再有第二个货币基金能够跟它抗衡，因为它已经形成雪球效应。所以货币基金的购买秘诀是“挑大的买”。

再来看债券基金，债券基金主要投资于国债、金融债、高等级信用债，当然也包括一些垃圾债。国债是国家发行的，还款没有问题。金融债一般是工行、建行这些大机构发行，还款能力也非常强。当然可能会配一些垃圾债，或者叫私募债（在海外叫垃圾债，在国内叫私募债），这种债券收益比较高，但是风险也比较大。表 2 显示了 2013 年主要债权基金的收益率情况。

表 2　2013 年主要债权基金的收益情况

| 基金简称 | 2013 年收益率 |
| --- | --- |
| 天治稳健双盈债券 | 16.96% |
| 华富收益增强债券 A | 14.87% |
| 银华永泰积极债券 A | 14.81% |
| 华富收益增强债券 B | 14.41% |

续表

| 基金简称 | 2013 年收益率 |
| --- | --- |
| 申万菱信可转债 | 14.39% |
| 中银转债增强债券 A | 14.23% |
| 银华永泰积极债券 C | 14.03% |
| 中银转债增强债券 B | 13.81% |
| 长信可转债 A | 13.08% |
| 长信利丰债券 | 13.04% |

数据来源：好买基金

债券基金的收益率主要跟什么有关呢？它实际上跟市场的基础利率是负相关的。当整个市场的利率下降时，债券就会很有吸引力。比如国债的收益率为 4.5%，银行存款为 3.5%，如果有一天银行的存款利率降到 2%，债券比较好。因此市场基础利率降低的话，债券价格会上涨。如果利率上升，存银行比较好，因为银行的信用要更高。这也是为什么 2013 年下半年债券跌得很惨的原因，因为市场无风险利率在上升。如果整体的利率下行时，是买债券最好的时机，但如果在钱荒时买入，债券会死得很惨。所以债券基金的购买秘诀是“降息买债券”。

### 主动管理类

主动管理类一般是指股票型基金，股票型基金属于风险基金，投资者为什么要赌这风险呢？因为它的收益也较高。从长期来讲，美国股市的年化收益是 7%左右，债券大概只有 3%～4%。从过去这么多年的数据来看，中国股市的年化收益率大概是 15%左右，从历史数据分析，股票的长期收益率肯定大于债券市场，这是毫无疑问的事情。

股票型的基金又分为两大类，一种叫做纯股票型，一种叫做混合型，这两者有什么区别呢？股票型基金有最低仓位限制，不能够低于 80%仓位。这就意味着熊市的时候股票型基金也必须死扛着，不能空仓。2008 年这种单边暴跌的情况，其实绝大多数基金经理都已经判断出来了，但是由于最低仓位的限制，最多只能降低到 60%，这也是 2008 年很多公募基金净值跌得很惨的原因。混合型基金没有这个限制，如果看好牛市，基金经理可以满仓，如果看空的话，基金经理可以空仓，因此混合型基金对基金经理判断大盘的能力有更高要求。从长期来看，混合型基金要比股票型基金的收益稍好那么一点，因为基金经理的自主性要强很多。

但是无论是纯股票型基金，还是混合型基金，熊市中都还是会亏钱的，牛市中也不代表都能跑赢牛市，那到底应该买哪一种呢？我告诉大家一个最基本的诀窍，叫做股票型基金要挑小的买，不能买大基金。小盘股具有长期超额收益，那些上百亿的大基金不可能大量配小盘股，它肯定要配大量蓝筹股。很多基金名字中就有某某大盘，这意味着基金合同里面约定了该基金的主要投资方向是大盘蓝筹股。当然华夏大盘是一个异类，它名义上是大盘基金，实际上炒的是小盘股，而且它的规模也很小，只有 50 亿。

大蓝筹是很难跑赢市场的，此外冲击成本太大，因为基金盘子太大，买卖股票的时候，会吃掉很多盈利。因此对于主动管理型基金而言，越大规模的基金，它的收益率就会越低。大家可以把历史基金数据拿出来，做一个总体分析，那些规模大的基金总体上不如小盘基金。其实大家去看看指数就知道了，上证指数走势就远远不如中证 500。

所以股票型基金一定要买小基金。什么叫小？第一，它的投资标的是以中小盘为主的。第二，规模比较小。表 3 显示了 2013 年收益较高的主动管理类股票基金收益率情况。我们会发现做得最好的几个都是规模小，投资标的也小的。所以主动管理型基金的购买诀窍是“挑小的买”。

**表 3　2013 年收益较高的主动管理类股票基金收益情况**

| 基金简称 | 2013 年收益率 |
|---|---|
| 银河主题策略股票 | 83.85% |
| 景顺长城内需增长 | 77.47% |

续表

| 基金简称 | 2013 年收益率 |
|---|---|
| 景顺长城内需贰号 | 72.79% |
| 中邮战略新兴产业 | 72.67% |
| 农银消费主题股票 | 66.13% |
| 华宝兴业新兴产业 | 62.63% |
| 汇丰晋信科技先锋 | 57.38% |
| 华商主题精选股票 | 55.71% |
| 汇丰晋信低碳先锋 | 55.03% |
| 农银中小盘股票 | 54.94% |

数据来源：好买基金

### 被动管理类

被动管理类基金就是各种各样的指数基金了。它基本的一个经济学原理是既然市场是有效的，大部分基金经理跑不赢指数。那么投资者直接购买指数基金岂不是最佳选择？

2014 年的一期《福布斯》杂志中有篇文章：《将复杂的投资原理简化成数百条可执行的建议》。其中第 78 条为“购买对基本面加权的指数基金”。共同基金公司先锋集团的创始人约翰·伯格也曾对那些想通过选股跑赢大市的投资者给出过坦率的建议：“别去找那根针了，买成捆的草吧。”

指数基金，顾名思义就是以指数成分股为投资对象的基金，即通过购买一部分或全部的某指数所包含的股票来构建指数基金的投资组合，目的就是使这个投资组合的变动趋势与该指数相一致，以取得与指数大致相同的收益率。相对于主动式投资，指数化投资能有效避开个股风险、产业风险及基金经理人的人为风险，投资人只需要专心关注在资产配置及留意市场风险上。以认购起始日计算，2013 年共有 64 只指数基金发行，合计募集 611.97 亿份。截止 2013 年 12 月 31 日，市场上共有 232 只指数基金，资产总规模 3 535.94 亿元。

指数基金之所以最近 30 年大行其道，其基本经济学原理叫做有效市场假说，即随着市场有效性的增强，大多数主动管理型基金跑不赢指数，该理论在海外得到了验证，其中最典型的就是先锋基金，其管理规模目前已过万亿美金。

海外市场中的纯指数基金规模一直在增长，最近几年国内市场也是如此，各种各样的 ETF 基金发行得都很不错，规模在持续增长，纯主动管理型股票基金就很难发。国内被动管理基金主要是各种指数基金和 ETF 基金，它们基本上以跟踪某一指数或者某一行业指数为标的。表 4 显示了 2013 年以来一些指数基金和 ETF 基金的收益情况。

表 4　2013 年指数基金和 ETF 基金收益情况

| 基金简称 | 2013 年收益率 |
|---|---|
| 易方达创业板 ETF | 77.57% |
| 融通创业板指数 | 74.89% |
| 易方达创业板 ETF 联接 | 71.10% |
| 招商深证 TMT50ETF | 53.57% |
| 招商深证电子传媒 | 50.21% |
| 嘉实中创 400ETF | 34.94% |
| 嘉实中创 400 联接 | 32.75% |
| 鹏华深证民营 ETF | 30.94% |
| 海富通中证内地低碳 | 30.34% |
| 鹏华深证民营联接 | 28.43% |

数据来源：好买基金

我们发现确实有很多指数基金收益率非常不错，因为股市从长期来说一定是涨的，特别是那些与大盘相关的指数。主动管理型基金经理万一买错了股票，可能结果会很惨，但是指数不会，因为长期一定是涨的。

对于指数型基金我们应该如何选择呢？这里我告诉大家一个方法：定投。指数跌的时候是最佳买入机会，因为指数长期会涨，最好是越跌越买，只要有闲钱，就投一点，指数基金定投没有问题。越是熊市的时候，往往越是定投指数的最佳机会。

指数基金中还有一类叫做指数增强，即在指数的基础上增加一些主动选择，使得收益比单纯的指数要好一点，比如配指数成分股 80%，余下的 20%做一点阿尔法的股票组合以超越市场。目前做得比较好的指数增强基金有代表性的基本上都是做量化增强的，比如富国 300 指数增强，采用的核心选股模型叫 BARA 多因子模型，从海外最著名的量化机构巴克莱引入国内。从成立到目前已经跑赢沪深 300 指数 15%以上，图 5 是富国沪深 300 指数增强基金的净值走势图。指数增强产品依然是有风险的，因为不是每个人都能找到增强因子，这点需要提醒投资者注意。

所以被动型基金产品，不管是增强型还是普通的指数基金或 ETF，从长期配置来讲是非常好的产品，这类产品的购买秘诀是“有钱就买点”。

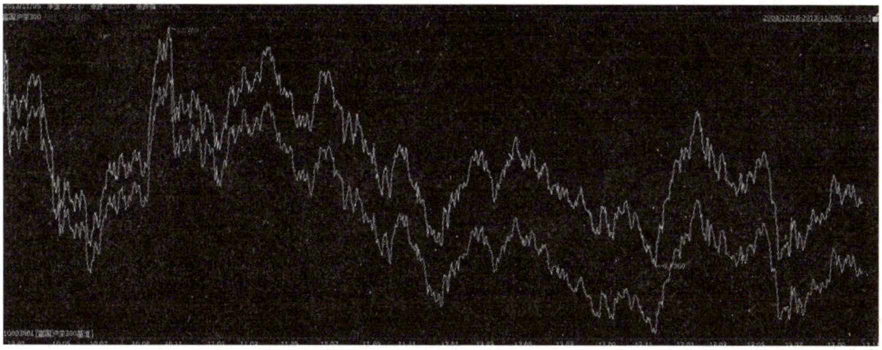

图 5　富国沪深 300 指数增强基金净值走势图

### 杠杆类

杠杆类基金是把份额分成A和B两个份额，A端投资者获得固定收益，B端是风险收益。无论牛市、熊市，A端的收益是保证的，多余的部分全部给B。因此一旦牛市到来，分级基金的B端是牛市中的最好选择，因为它杠杆特别高，我们来看2013年以来一些杠杆基金B级收益情况，如表5所示。

表5　2013年杠杆基金B级收益情况

| 基金简称 | 近一年 |
| --- | --- |
| 兴全合润B | 79.97% |
| 中欧盛世B | 78.05% |
| 兴全合润分级股票 | 40.89% |
| 中欧盛世成长分级 | 38.95% |
| 建信进取 | 36.20% |
| 诺安中证进取 | 35.76% |
| 国联安双禧B | 34.45% |
| 银华瑞祥 | 33.67% |
| 万家中证创业成长B | 32.18% |
| 国联安双力中小板B | 31.04% |

数据来源：好买基金

从上述数据可以看出，一旦出现系统性机会，分级基金的B部分会远远超越指数，牛市中B份额获得了两到三倍的杠杆，所以会比指数涨两到三倍多，但如果是熊市判断错的话也会跌得很惨。如果你长期看好某一个指数，比如创业板指数，买B份额最好的时机是它跌得特别惨的时候，因为这个指数长期来讲会涨上去的。比如前一段时间创业板跌得很惨的时候，富国的创业板分级基金B跌得也很惨，创业板反弹之后，它的反弹也很快。所以B适合于那些风险偏好型的人去做，如果你是风险偏好型的，建议可以拿一点小钱去玩玩，叫做小赌怡情，不过也需注意其风险是比较大的。

所以杠杆基金的投资秘诀是“小赌怡情”。

## 淘宝基金的未来

截至2013年12月，共有32家基金公司入驻淘宝，相比淘宝网上的零售商们，基金淘宝店的成本可不便宜。据基金公司相关人士称，淘宝网开店的硬性成本至少在60万到70万之间，其中购买直销端口需要30万，店铺装修需要五到十万，此外还需要支付淘宝网一定的服务费，如果销售量一亿元以内，服务费需要10万元左右，另外还需投入客服人员等，如果外包给运营公司一年也需要30万左右。虽然比传统银行渠道的投入要低，但就目前淘宝带来的销售量而言，实在是项投入大、产出小的亏本买卖。所以，目前更多的基金公司选择继续观望。另外，T+2、T+3的赎回机制也让淘宝基金暂时无法达到余额宝当时的辉煌。

讲了这么多，就是想告诉大家一个原理，淘宝基金跟衣服、电子商品是不一样的，你得搞明白它背后的原理是什么。余额宝的成功大大刺激了基金行业，很多基金公司在淘宝基金上进行各种各样的修饰，我是坚定地不看好淘宝基金。为什么？因为余额宝有阿里做信用背书，而淘宝基金没有这个最关键的东西。

金融行业的本质是信用。你为什么愿意把钱存在工商银行这样的大行呢？因为你知道这样的银行不会倒闭，特别是存款保险制度出来后，可能很多的小银行会倒闭，那时候你就越不敢存小银行。你为什么不敢把钱存到农村信用社？你为什么不敢把钱存到期货公司？因为你搞不清楚它会不会把这钱搞没，它们的信用等级不如工行这些大银行。同样的在淘宝上买东西的时候，一般很多人会选择那些皇冠店、金冠店，为什么？因为他们做了这么多年，产品的质量是有保证的，服务是有保证的。这就是信用的价值。

虽然余额宝是货币基金，淘宝基金里卖的也是货币基金，但是由于背后的信用背书不一样，所以余额宝会越来越好，越来越大，普通的基金公司跑到淘宝上去开店肯定是不行的。就算淘宝暂时给你引来流量，也只是昙花一现而已，在这种情况下淘宝只是一个第三方销售渠道。对投资者而言，第三方销售渠道最重要的是什么？是咨询服务。想要基金在淘宝上卖得好，淘宝小二很重要，你得告诉大家这家基金公司卖的是什么，特别是股票型基金最近几年亏得也比较多，在老百姓中的口碑也不是很好，通过一个修饰就想吸引到大量资金，这种可能性是微乎其微的。因此我看空淘宝基金就是这个道理。

# 阿里腾讯卡位战：移动支付

本节阐述了在移动互联时代，互联网金融的一个重要支撑：移动支付。通过阿里与腾讯的三次对抗：理财战、打车战、红包战来具体说明这两大巨头在移动支付方面的投入和巨大努力。并得出结论：在移动支付时代，腾讯恐怕要占据更大的优势。

2014年的春节期间，微信推出抢红包游戏，参与人数众多，非常火爆，马云说这是腾讯对阿里的偷袭，那么腾讯与阿里的对抗到底在哪些方面呢？实际上红包之战并不是阿里和腾讯的第一场战争，从2013年6月份开始，阿里和腾讯这两大巨头已经在移动支付领域中发生了三次这样的战役，下面我就跟大家分享这三次战役的具体情况以及未来的移动支付对大家的一些颠覆性影响。

## 余额宝 VS 理财通

2013下半年，互联网金融的焦点本来集中在余额宝，在阿里的大肆推广下，余额宝背后的天弘基金飞速成长。众多互联网巨头们也纷纷在理财领域布局，腾讯自然也要来插一脚。

2014年1月22日是微信理财通正式上线的日子，7.394%的7日年化收益率和1 000万的开户奖金以摧枯拉朽之势要“撬”余额宝的墙角。上线第二天，微信理财通规模已超8亿。就在理财通上线第二天，阿里支付宝就向各大媒体发布了一则新闻通告，开头以第三方口吻指出所谓的“7.394%的7日年化收益率”是多么昙花一现的数字，并称此数据不具备参考性。言下之意是奉劝准备从余额宝上抽离的用户不要为眼前的利益所蒙蔽，要坚持长线投资。

双方的烽火已经从正面的对垒转移到背后舆论阵地的较量。选择1月22日上线，并能将7日年化收益率做到高达7.394%，这让天弘基金方面的人士也认为理财通选择了一个极好的时机：适逢年底，协议存款利率间接推高了货币基金的收益率。坊间盛传，理财通自上线六个工作日，资金规模已过百亿。

阿里推出的叫做余额宝，微信推出的叫理财通，它们的区别到底在什么地方呢？首先，从产品形式上来说，余额宝与理财通实际上都是货币基金，一个是天弘的货币基金，一个是华夏的货币基金。这两个基金在投资标的和投资管理能力方面没有太多区别，无非就是渠道之争，即一个是阿里的支付宝渠道，一个是微信的渠道。从目前整体对比来看，余额宝还是有非常明显的优势，而且我认为在理财这个方面，余额宝的优势可能是腾讯所无法替代的。

第一，余额宝具有规模优势。目前余额宝已经超过了2500亿，理财通大概是一两百亿的样子，在规模上具有非常大的差距。虽然理财通最近这段时间的七日年化收益率确实比余额宝要高一点，这个实际上跟华夏基金签订了很多比较好的历史协议存款有关系，但是从全年持续来看，比如2014年年底，余额宝整体的年收益率还是要比理财通稍微高一点。

第二，支付便捷性。这个是理财通不具备的，用过余额宝的都知道余额宝可以像支付宝一样用，可以用余额宝在淘宝上买东西，给手机充值，也可以订机票，它相当于第二个支付宝，只不过支付宝是没有利息的，而余额宝是有利息的。理财通做不到这点，它只是一个单纯的理财，用钱的时候必须把钱从理财通里面赎回到银行卡里面，它不具备支付便捷性。

第三，余额宝有阿里系统的支撑，可以开发出各种各样的余额宝二号、三号等。我前面提到阿里有阿里小贷、资产证券化产品，可以做定期宝，甚至可以做分级基金。阿里控股天弘基金后，可以利用基金子公司平台开发各种各样的产品。微信的理财通目前是跟华夏基金合作，而腾讯想控股华夏可能性是微乎其微，所以它们只是一个产品级的合作，并不像阿里那样对天弘绝对控股，很难开发出更多的产品。

余额宝初步具备了银行的功能，这个是理财通无法抗拒的，因此这一战中，我认为阿里占据绝对优势。虽然腾讯有巨大的渠道能力，但我认为它依然无法对阿里的余额宝产生抗衡。这第一战，阿里胜。

## 嘀嘀打车 VS 快的打车

2013 年上半年，几家发展迅速的打车软件纷纷被中国互联网公司的巨头们招安。其中，快的被阿里注资。腾讯也看中了出租车这个线下支付切入口，2014 年 1 月 5 日，微信把嘀嘀打车直接放到了支付平台上作为一个新功能出现，也就是说，用户无需下载打车软件就能在微信上直接叫车并进行支付。

这场战争，最终演变成了两个互联网大佬的补贴战：腾讯号称将投入两亿元预算作为补贴，从 1 月 10 日起，使用微信上的嘀嘀打车，用户和司机双方都能够获得 10 元补贴；而阿里方面，每绑定一个支付宝账户，司机能够获得 50 元现金以及支付宝账户中 50 元的余额，每单奖励乘客 10 元、司机 15 元，并打算接下来用 5 亿元铺市场。一些同时安装了两家软件的司机则干脆把补贴变成了生财之道，但两家公司对此却并不在意，他们的目的是让用户形成习惯，绑定银行卡。

有段时间嘀嘀打车和快的打车的广告漫山遍野，阿里说出五亿元请全国人民打车，腾讯也有类似的广告。我们知道嘀嘀打车是微信的，快的打车的后台老板是支付宝，在广告攻势下，很多人尤其是年轻人都用这个东西叫出租车。大家不禁要问：移动打车的好处在哪里呢？

第一，叫车非常方便。在北京打过车的朋友都知道，打车实在太麻烦了，往往在寒风中瑟瑟发抖站一两个小时，出租车都不来，那份痛苦就别提了。出租车司机最愿意跑长途，机场、郊区等地方，跑一趟一两百块钱，市中心则经常堵车，跑那么一圈花费一个小时也只能得到二三十块钱，所以司机都不愿意到市中心来。

但是有了移动打车后，司机清晰地知道乘客要去哪里，是不是跟自己的方向一致，这样成功的概率要好很多，肯定要比在大街上瞎跑要强，所以现在很多司机师傅都愿意用移动打车软件。而且对于普通用户来讲，只要一叫，大概两三分钟就会有人应答。当然在高峰期可能比较难，不过乘客可以选择加钱，加五块、十块，加到二十块钱，司机还是愿意来的。这就是让市场机制发挥作用。市场机制的核心是价格，有的乘客时间很值钱，愿意多加 20 块钱，传统的叫车方式是不允许加钱的，虽然你有钱，但是对不起，你还是必须和那些大妈一块等车。看上去好像是平等了，其实是对社会资源的浪费。

第二个，价格补贴。阿里和腾讯为了促进大家使用打车软件，大规模地补贴用户，打车一次，补贴乘客十块钱，补贴司机十块钱，在这种刺激之下，打车软件的安装数量急剧上升。我现在打车的时候，一上车司机就问我是用微信支付还是支付宝支付。有的司机让我用微信叫一次，然后他半途停下来，让我再用快的再叫一次，这样他享受两次补贴。现在有很多司机都玩这一招，腾讯和阿里也心知肚明，但是并不禁止这种方式，它们想要培养用户的移动支付习惯。

不过这同样带来另外一个负面结果，就是手机打车软件对传统打车方式的挤压。老年人、大妈大叔们不会用智能手机，他们只知道在街边上站着叫车。以前乘客下车之后，出租车处于空车状态，司机在街上以巡游的方式找到下一位乘客。有了打车软件后，很多司机在乘客下车之后就停在路边打开叫车软件等别人叫车。这样就带来一个结果，大街上打车更难了，为什么呢？不是车少了，而是司机不愿意空跑了。那些依然采用传统叫车方式的人可能比较难到车，这不能不说是一个弊端吧。

未来手机打车肯定还会有更多的扩展，比如租车业务。这个已经在“一号专车”里面实现了。目前的很多租车公司，比如神州租车等在滴滴里面即可预约，而不是用传统打电话的方式，后者要支付保证金等，相当麻烦。比如还可以扩展到拼车模式，我们知道台湾私家车可以当出租车使，你下班之后愿意去赚零花钱，可以跟别人拼车。但是目前国内拼车不合法。但我相信像北京、上海这样的拥堵，不如让私家车可以兼职做出租车。因为私家车一个人用的话运力效率太低了。在上下班路上顺路多带几个人，不但不浪费运力，还可以减少很多拥堵，这不是两全其美的事情吗？拼车需要一个中间调度系统，现在嘀嘀、快的完全可以实现这样的功能。

从目前的战况看，应该说阿里与腾讯不分伯仲，两大巨头在打车战方面战平分秋色。

## 支付宝红包 VS 微信红包

大年之夜，腾讯偷袭了阿里巴巴的“珍珠港”。一个叫做“微信红包”的玩意儿迅速风靡各个微信群，从除夕到初八，短短 9 天，800 万用户发放和领取了 4 000 万个红包，理财通也新增了数百万名新用户。事实上，支付宝在小年夜也推出了一个相当讨喜的功能：“发红包”和“讨彩头”，但由于这项功能无法分享到社交媒体的朋友圈中，因此并未受到广泛关注。

要知道，“红包”这个概念本出自阿里巴巴的创意，在多次双十一的活动中，阿里围绕着红包玩了很多花样，但这一次，本来先发制人的阿里却未能在这场“红包争夺战”中卡住身位，频繁的布局和宣传最终被微信依仗着朋友圈的社交强项将红包玩到了极致。此举，被业界称赞为腾讯微信的“草船借箭”之举，让微信四两拨千斤，轻松地绑定了上亿网友的银行卡。

不只微信有红包，其实支付宝也有红包，但是大家都知道的是微信红包。其实支付宝红包比微信红包提出来得早，但为什么没有成功呢？因为支付宝红包有以下三个缺点。

第一，它需要主动去讨，这种方式对发红包的人来说是一个痛苦的选择，比如有人向我讨红包，我该给他多少呢？给一两百好像少了，但是给一两千又心疼，所以不愿意给出。但微信红包不同，是主动发的方式。在微信上抢过红包的知道，一百块钱的红包可以发给几十个人，每个人三五块，这算多的了，有的还三五分。大家抢微信红包的目的不是为了赚钱，就是好玩，支付宝红包因为缺乏社交功能无法分享给朋友。

所以支付宝红包适合于大额的资金转让，受众范围很小，比如老板给员工发红包，发奖金，这是阿里红包最早提出却没有能得到大规模推广的原因。微信红包是主动发放，多少随意，同时通过社交功能使受众面大大增加。

第二，阿里是一对一地发，而微信红包绝大多数都在群里发。很多人其实完全不 care 这点钱，就是为了好玩，抢一个几分钱的红包，还主动去分享。他觉得这是一个很好玩的游戏，很享受游戏的过程。

第三，微信红包已经成为很多商家营销的新手段，春节期间可以看到许多公司在微信上大规模发红包。发个几万块钱的红包，一下覆盖几十万人，这种口碑营销的传播效率非常快。

所以支付宝红包适合于大额，它的用户群很少，而微信红包适合小额，其用户群体很大。

收到红包后，要想提现需要绑定银行卡进行移动支付。微信红包迅速绑定了大量的银行卡，阿里在这方面落下很多，这一战可以说是微信速胜，阿里几乎没有翻身的可能性。

在这三场战争中，第一战理财战，阿里的余额宝胜；第二战打车战，基本上是不分彼此；第三战红包战则是微信速胜。我认为最重要的一场战争就是红包战，阿里基本上输得干干净净，为什么这么讲？第一，打车软件所能影响的只是大中城市的白领，一般老百姓打车很少。第二，理财产品针对的用户范围较窄，都是一些收入较高的人。

为什么两大巨头一定要让用户绑定银行卡呢？因为未来五年至十年会有一个颠覆性应用：移动支付。PC 领域中的电子支付主要靠支付宝，前 PC 时代的支付媒介是银行卡。在未来，移动支付的发展空间可能更大。有一项数据显示，2013 年中国的第三方移动支付交易规模已经超过一万亿，同比增速是 700%。根据 iResearch 由统计数据显示，2014 年第三季度，中国第三方移动支付市场交易规模稳步攀升，达 14332.7 亿元，未来随着移动通讯技术的进一步发展，移动支付会带来更大的发展空间。在移动支付领域中，微信通过红包绑定大量银行卡，未来可能对我们生活产生巨大影响。

## O2O 时代

在《星际迷航》所描述的 24 世纪，已经没有金钱的概念了，星联中的居民偶尔用“不明流通物”做交易。现在看来，我们在不断向这部科幻电影里描述的世界靠近：1950 年代出现信用卡之后，“无现金”社会就一直是讨论的话题，而现在手机能够代替钱包在许多场合进行支付，信用卡、借记卡和现金一道成了准“淘汰品”。

互联网公司一再颠覆传统的价值观和消费观，用无尽的创意描绘我们未来的时代。不难理解两大巨头如此重视移动支付的原因，这是一场未来时代的卡位战，或许不久的将来，我们的生活可以没有现金、信用卡，我们可以离开银行、商场，却不可能离开腾讯、阿里巴巴。

为什么两大巨头如此重视移动支付？平时生活中我们大部分是小额支付，这种生活服务方面的支付才是最大的需求，但是目前这种生活服务的支付基本上是用零钱、纸币支付。我们知道，纸币支付是非常麻烦的一件事情。平时去超市买东西，且不说大超市，哪怕在普通小超市里，最烦的就是排队。

为什么会出现这种问题？买东西实际上有两个流程，第一，从货架上取货，第二，支付。20年前没有超市这种模式，都是杂货店。你要买东西时需要销售员将货物拿下来给你，然后你付钱给售货员，这两个流程都是通过销售员实现的。因为人的这个精力是有限的，所以传统的杂货铺都很小。后来的超市模式改变了这一切，它其实就是将第一个流程交由顾客自行实现，不再需要售货员去取货，由顾客自己到货架上取，放到篮子里面，超市只管统一支付。这样的模式将售货员的工作大量解放出来，规模迅速变大，规模变大的结果就是价格大幅降低。经济学中有个原理叫规模效应：规模越大，成本越低。所以超市的东西比杂货铺要便宜很多。

但是现在依然存在瓶颈，因为只有收银员有扫码器，结账时收银员必须将每个商品都扫一下，然后告诉顾客金额，顾客再掏现金或者银行卡，如果是银行卡，还得刷卡，刷完后还得输密码，还要签字，整个流程非常复杂，耽误很多时间。说到这里，大家忽然会想到手机中不也有扫码器吗？支付宝、微信都有扫码功能，这个可以直接使用吗？我认为是可以的，未来完全可以让顾客自己去扫码，扫完之后顾客通过微信或者支付宝付款就可以了，这其实意味着不需要收银员，这样就产生了无人超市的模式。

如果收银这个瓶颈被打破，整个超市的规模会变得更大，而且可以完全实现 24 小时超市。目前只有便利店可以实现 24 小时服务，但是便利店要有三班倒的收银员，成本比大超市高很多。

对于顾客来说，采用移动支付的话不需要排队，这大大降低了时间成本。这个成本并不仅仅是钱，时间成本也是成本，特别对商务人士来讲，排队排半个小时，那吃不消。所以互联网最大的价值是降低成本，移动互联更是大大地降低成本。

另外方便我们的日常生活。平常在商务区，吃饭时间很麻烦，全是人在排队，座位不容易找到，坐下来后，菜半天上不来。吃饭时若能使用微信可能情况会不一样。微信上有个服务号，现在已经有少量的餐厅开发了点餐功能。顾客在没有去餐厅之前就先定好菜，定好座位，等到了饭店没多久菜就全部端上来了。吃完后直接微信支付就可以了，这样大大节约了时间。

想像一下这样的未来生活场景：几个朋友在微信上约好聚会，去必胜客吃饭，去必胜客的途中用嘀嘀打车叫车，在车行驶的过程中把菜点好，座位点好。到了饭店，菜基本上都做好了。吃完饭后可以用手机 AA 付款，微信和支付宝都提供 AA 付款的功能。大家吃完饭后，如果想去看电影，吃饭的过程中就可以搜周边的电影院订好电影票和座位，吃完直接过去就可以，无需再排队买票。

通过简单的几个场景的描述，大家会发现移动支付未来有这么大的前景。过去几年大家一直谈移动电商，这几年虽然发展得火，但在电商总规模中依然占很小的份额。经常使用的人知道手机淘宝和传统 PC 淘宝用户体验是完全不一样，传统 PC 淘宝因为界面大，操作相对舒适。但手机最大的好处是服务生活。王健林和马云曾经打过赌，王健林说电商取代不了吃喝玩乐，你吃喝玩乐还得去我的万达广场，以此试图证明电商无法取代实际的商业活动。这句话本身没错，吃喝玩乐本身确实无法在网上实现，但是吃喝玩乐的决策过程可以网上实现。

## 移动电商的未来

传统移动电商如果仅仅做一个淘宝手机版的话，价值恐怕没有想象的那么大，因为手机跟电脑屏幕相比确实操作不太方便，但手机的一个重要特征是它的定位功能，可以随时随地用手机查阅附近的生活服务。移动互联网和 PC 互联网最大的区别在哪里呢?

首先，移动互联是贴身行走的，人网不分，而 PC 是人网分离的，一般在办公室或家里才会用电脑。逛街的时候不可能扛个电脑在身上，但手机可以随时带着。这个区别决定了移动互联时代最紧密的活动一定是社交，微信、QQ 最擅长的就是社交，而这是支付宝不具备的。

其次，移动操作端的屏幕小，所以其对入口数量是有限制的。它没办法做到 PC 端那么大屏幕，看不了那么多东西。所以移动端的入口一定少，一旦占据入口，别人可能就没得玩了。一般来说，大多数人手机上可能就那么十几个最常用的，比如我订机票，订高铁，订酒店一般都是用“去哪儿”这个 APP，其他的基本不考虑。支付方式我用支付宝，习惯后也不愿意用别的。所以未来移动互联时代可能就那么几个巨头，其他的大多数要么死掉，要么被并购。移动互联具有天然的垄断性，这是其很重要的特点。

这就是为什么巨头们烧巨资去抢入口的原因，这个入口一旦被别人抢到，自己就没得玩了。第一代互联网以媒体为主，如新浪、搜狐、上海热线等。百度出来之后，大家发现原来传统互联网的入口是搜索引擎，因为网站太多了，不知道找哪一个，必须借助搜索引擎的力量，所以百度的影响力很大。但是移动互联时代最重要的是社交。如现在在微信里可以解决吃喝玩乐的问题、理财问题、其他用户服务问题。这就意味着到时候别的服务商想独立做一个 APP 已经不可能，要么被微信收购，要么需要绑定微信，这也就是为什么现在有很多研究报告认为腾讯的发展空间依然非常巨大的原因。

腾讯现在的市值大概一万亿人民币，将近一千五百亿美金，苹果将近五千亿美金，但我认为腾讯还远远没有达到它真正拥有的价值，未来的发展空间依然非常大。在移动互联时代，业内基本上公认腾讯的微信拥有了第一张船票，而第二张船票花落谁家目前还不清楚，支付宝已经具备了一定基础，但是跟腾讯的微信相比差距依然很大。传统互联网三巨头中的百度基本上已经落伍，它没有什么像样的移动入口 APP，这也是为什么最近百度的股价都涨不上去的原因。

截止 2014 年底，从市值上看，阿里 3000 亿美元，腾讯 1500 多亿美元，百度 800 多亿美元，阿里的市值差不多等于腾讯加上两个百度。从这组数据可知，百度的市值已经远远落后于阿里巴巴和腾讯。我个人认为腾讯的市值未来还有巨大的空间，关键就在于微信能否在移动电商时代抓住机会，对阿里巴巴来一次颠覆性的冲击。

总结一下，未来五年移动互联网的颠覆性将异常迅猛，传统互联网对传统行业颠覆可能还没那么快，大家还有时间反应。移动互联网的颠覆如此之快，可能被颠覆者都来不及反应就死掉了。就像余额宝半年时间就颠覆了传统基金行业，现在规模达 5000 亿左右，对传统基金行业而言，这几乎是不可思议的速度。

从目前的态势看，移动互联的核心平台就是微信，传统互联网时代的三巨头 BAT（百度、阿里和腾讯）在移动互联时代可能会变成 T-ONE 的方式。因此我建议普通投资者继续投资腾讯，或者腾讯产业链上的公司，比如一些做彩票的、做游戏的、合作的券商、合作的基金、合作的电子商务公司、合作的语音识别公司等，这一系列产业链上的公司可能会有不错的投资机会。

# 百度百发的组合投资

本节以宝宝们收益率下降为契机，重点阐述百度百发的高收益产品，并以此为基础探讨收益率为 8%的组合投资问题，包括组合投资原理、组合投资方式、组合投资的优势等。百度百发是百度在互联网金融时代处于下风后的一次博眼球尝试，长期来说缺乏持续力。

2014 年春节一过，各类理财“宝宝”的收益率持续下滑，主要是因为各种理财“宝宝”们将资产配置中的大部分给了银行协议存款，而节后协议存款利率也大幅下降。业内预计从三四月份开始，各类理财品的年化收益率将趋于正常，即年化收益率将回归 3%~4%。与此同时，互联网金融发展规模之大、速度之快也引起了监管部门的重视，据悉 2014 年 2 月 21 日，证监会向十余家基金公司重点提示了基金资产高度依赖银行协议存款的风险，央行与证监会近期也传出风声，将制定更为严格的规范，管理互联网金融市场与第三方支付机构。

狂欢过后，依托货币基金的互联网理财产品开始归于平淡，难现往日风光。纵观 2013 年联网金融市场，唯有百度的百发目前收益在 7%~8%，收益仍高居理财榜首。据介绍，百度百发曾公开发过两期产品，首期于 2013 年 10 月推出，与华夏基金合作并公开承诺了 8%的收益，遭证监会批评；两个月后，即 2013 年 12 月，百度再次低调推出一款“百发”，这次与嘉实基金合作，虽未公开承诺收益，但还是可以在其网站看到“团结就有 8%～88%”的宣传词。公开资料显示，百度方面称百发是一款特别的“互联网组合产品”，怎样的组合方式才能让百发真的守住 8%的承诺？

## 什么是组合投资

2014 年春节前很多人都把钱往余额宝和理财通里面存，当时两者的年化收益率非常高，特别是理财通，刚上线的时候 7 日年化超过 7.6%以上，但是春节过后，收益率出现了明显下滑，很多人会担心降到很低，有没有一种能保持高收益的产品呢？这时可能会有人想到 2013 年 10 月左右，百度曾经推出一个 8%收益率的百发，余额宝当初收益最高的时候也不过年化 7%，看全年的话，货币基金收益率一般年收益率为 4.4%到 4.5%左右。就算钱荒，最终折算到全年估计也就 5%左右。但是百度百发保证一年 8%的收益率，明显比余额宝们高了很多，它到底是什么样的投资方式呢？

根据百发的介绍资料显示，百度百发不是一款产品，是一个互联网金融模式的创新，是一个组合形式的理财计划，这点是关键。余额宝也好，理财通也好，它不是组合理财，就是一款简单的货币基金。货币基金的钱无非就是存银行做协议存款而已，而百度和它们的区别在于百发是做组合投资，所以才能有那么高的收益率。那什么叫做组合投资呢？

组合投资最初的概念源于上世纪 50 年代马克维兹的一篇文章《证券选择理论》，在这篇文章当中，他证明了分散投资比集中投资好，并因此获得诺贝尔经济学奖。我们现在看到的各种指数，如沪深 300 指数、上证 50 指数等就是股票的一种组合投资方式。

马克维兹的投资组合模型是现代金融学、投资学的标准配置，为“不把鸡蛋放在同一个篮子”里的民间投资策略找到了重要理论依据。在取得高收益的同时，投资组合也极大地降低了非系统性风险。投资者可以通过怎样的方式进行组合，市场上又有哪些产品可供配置，保证较高的年化收益呢？

股票指数是一种最简单的组合投资方式，除此之外，还有更多的组合方式，比如基金组合、多金融产品组合等。这样可以有效降低风险，平滑收益率。百度百发就是通过购买多个金融产品，形成一个综合配置。目前主要有两种方式：一个叫做 FOF，一个叫做 MOM。下面具体阐述相关原理。

为什么要投资股票？我们买股票的本质是什么？是买公司对不对？我相信这个公司的管理团队，比如说我买万科，那是因为我认为万科的管理团队很牛逼，它会比其他房地产公司好，买苏宁是认为苏宁的管理团队比其他团队强，这是投资者进行股票投资的核心经济学原理。同样的，为什么买华夏基金？为什么买汇添富基金？是因为我们认为这个基金公司的管理团队是很优秀的。不过基金公司的所有产品不都是好的，华夏基金的优势在于股票型，汇添富基金的优势在于货币基金，富国基金的优势在于债券基金。如果投资者只买这一家基金公司产品的话，并不能发挥最好的优势，但是投资者完全可以将所有最好的基金都买来做一个基金组合，即我们通常所说的“FOF（fund of fund）”，也就是“基金中的基金”。其基本思想就是让市场上最优秀的基金公司为自己打工。

除此之外，最近两年高速发展的 MOM（manager of manager）被称为“管理人的管理”。什么叫管理人？基金公司被称为管理公司，基金经理叫做管理人。基金公司有很多后台部门，运营、清算、IT、财务等，它们不创造效益，会吃掉很多利润，基金的管理费是要支撑整个基金公司的运营，其中相当多就会被这些人吃掉。那投资者会想我为什么要向这些后台人员支付成本呢？基金经理直接给我操盘不就得了吗？这是最近几年兴起的一种组合投资模式，将大的产品账户分成很多子账户，每个子账户让基金经理分别去操盘，这样整个基金的成本降低，而且可以找最优秀的基金经理为自己打工。

接下来我们看看市场上有哪些能做到8%收益率的产品。

**1. 量化套利产品。**不管是期现套利，还是阿尔法套利，其原理都是买入一批现货然后对冲股指期货。比如买沪深300成分股和上证50成分股。这种方式保证了熊市中依然可以获得正收益，从历史统计数据来看，这种产品平均收益率基本在10%到15%之间。

我们会发现量化套利产品收益率不高，最高的也就40%，相比于一般的私募动辄百分之百、百分之两三百的收益率不可同日而语。但是量化对冲产品有个特点，就是很少亏钱，除非碰到极端行情。在平稳市场上量化对冲是最佳的选择，一般来说量化对冲的产品年化收益率也就在10%～20%之间，比固定收益要强。量化套利产品的收益率取决于量化交易策略是否有效以及交易系统的性能。

**2. 信托产品。**目前很多信托产品投向房地产、矿产，收益超过8%的很多，甚至有10%、12%的，由于有抵押品和刚性兑付作保证，风险相对要小一点。前两年信托问题不是很大，但是未来几年，很多信托可能会出现问题，特别是那些收益比较高的信托产品。比如2014年初，中诚信托差一点出事，虽然最终兑付成功，但是未来恐怕会有越来越多的信托出问题，因为信托有安全隐患：

第一，流动性不好。二级市场的产品如股票、债券等，随时可以抛掉，特别是期货，一看不对赶紧割肉走人。但是信托产品的投向一般都是产业，往往变成了钢筋、水泥，道路，或者买了地、房子、机器。这玩意你说想退出是没辙的，钱都在土地、房子、机器里面，变现很困难，所以流动性很差。

第二，重复抵押。虽然很多信托说有抵押品，但抵押品可能在别的信托里面已经抵押过一遍，到第二个信托再抵押一次，到第三个又抵押一次，普通投资者哪里知道具体情况，真出问题的时候，你去找谁？对不起，已经被别人抵押走了。

第三，产权问题。有些信托公司做的产品虽然抵押物都很齐备，看上去好像没事，但实际上有很多抵押物存在产权问题。曾经有一个信托公司做的产品，尽职调查显示一点问题都没有，但是后来出事去找抵押物，处理的时候才发现原来土地的所有权是有争议的，其中一部分土地和军方有牵扯，最后只能不了了之，实际上很多信托产品的抵押品存在产权问题，这是一个非常大的隐患。

所以投资信托的关键在于鉴别出信托背后的风险，由于百发背后的团队是华夏基金、嘉实基金这样的顶尖机构，以他们的研究能力找到低风险的，收益率为 8%的信托产品，应该说问题不是很大。图 6 是 2013 年主要信托产品的收益率情况。

**3. 高收益债。**这个名字比较好听，实际上在海外有一个专有名词：垃圾债，特指那些信用等级比较低，还款能力较差的机构发行的债券。由于信用等级低，所以必须支付更高的收益才能找到投资人。为什么有高收益？因为它风险高，收益跟风险是对应的，既然提供高收益了，风险一定是大的。我们知道国债的收益最低，信用等级越好，债券收益越低。对于投资者来说，最大的担心是信用风险，也就是害怕债务人不还钱，所以信用等级低的债权必须提供更好的收益率。现在有很多私募债收益做到 8%、10%甚至 12%以上，原理和信托基本类似。

| 序号 | 产品名称 | 发行机构 | 发行日期 | 预期收益上限 |
|---|---|---|---|---|
| 1 | 上海格好FOT（信托基金） | 上海格好投资管理... | 2013-10-15 | 10% |
| 2 | 昆明高新应收债权投资（一期） | 长安信托 | 2013-10-22 | 10.2% |
| 3 | 滨海假日国际酒店经营贷款 | 吉林信托 | 2013-10-22 | 11% |
| 4 | 恒信－石家庄【嘉和广场】 | 东莞信托 | 2013-10-22 | 10% |
| 5 | 睿宝9号股权收益权投资 | 四川信托 | 2013-10-22 | 10% |
| 6 | 睿宝8号股权收益权投资 | 四川信托 | 2013-10-22 | 10.5% |
| 7 | 长城财富3号宁波新金和股权收益权投资... | 长城新盛信托 | 2013-10-18 | 10.5% |
| 8 | 长盈38号-路网建设贷款 | 华澳信托 | 2013-10-18 | 10% |
| 9 | 长盈37号信托计划 | | 2013-10-18 | 10.5% |
| 10 | 乾荣建业股权投资 | 中融信托 | 2013-10-18 | 10.8% |
| 11 | 长沙开福区海盟国际大厦项目 | 安信信托 | 2013-10-18 | 11.5% |
| 12 | 阳光城贸易贷款项目 | 中铁信托 | 2013-10-16 | 10% |
| 13 | 黑龙江七建公司应收账款转让及回购项目 | 中铁信托 | 2013-10-16 | 10% |
| 14 | 北京青龙湖股权投资 | 中融信托 | 2013-10-16 | 9.5% |
| 15 | 中美置业股权投资 | 中融信托 | 2013-10-16 | 11% |
| 16 | 睿宝7号股权收益权投资 | 四川信托 | 2013-10-16 | 10.5% |
| 17 | 汇实2号大东吴建设信托贷款 | 浙金信托 | 2013-10-15 | 9.7% |
| 18 | 银象38号简阳市民生工程项目 | 中江国际 | 2013-10-15 | 10% |
| 19 | 融信1号“平潭大卫城”项目 | 国民信托 | 2013-10-15 | 10% |
| 20 | 恒信-伯爵公馆北区项目贷款 | | 2013-10-15 | 11.5% |

图 6　2013 年主要信托产品收益情况

数据来源：好买基金网

2014 年以来，主要的私募债券收益率很多都超过 10%，我认为以华夏基金和嘉实基金为代表的顶尖公募基金，其投研团队的鉴别能力是没有问题的。如果让华夏基金自己去做一个量化套利产品，可能做不到那么好的表现，因为缺乏数据和交易系统的支持，但是让它们找到做得好的还是没有问题的。图 7 是 2013 年主要私募债的收益率情况。

| 产品名称 | 债券期限 | 票面利率 | 承销机构 |
|---|---|---|---|
| 武汉新诚高铁市政工程有限公司13私募债 | 3年 | 10.00% | 中信证券 |
| 湖北恒基腾达商品混凝土有限公司13私募债 | 3年 | 9.30% | 江海证券 |
| 婷美集团保健科技有限公司13私募债 | 3年 | 8.50% | 新时代证 |
| 东君乳业(禹城)有限公司13私募债 | 3年 | 10.00% | 国海证券 |
| 厦门圣达威服饰有限公司13私募债 | 2年 | 10.00% | 华创证券 |
| 浙江天台公路运输有限公司13私募债 | 3年 | 8.50% | 光大证券 |
| 浙江欧亚薄膜材料有限公司13私募债 | 2年 | 10.00% | 浙商证券 |
| 冠县港海薄板有限公司13私募债 | 3年 | 0.00% | 金元证券 |
| 北京新华空港航空食品有限公司12私募债 | 3年 | 9.50% | 光大证券 |
| 黑乳（北京）商贸有限公司12私募债 | 3年 | 9.00% | 兴业证券 |

图 7　2013 年主要私募债的收益率情况

数据来源：中小企业私募债网

## 收益率担保

客户可能要问万一做不到 8%呢？百发产品中还有一条规定：“本产品由中国投资担保有限公司全程担保”，意思是说如果做不到，中国投资担保公司给你补贴。当然，真正补贴的是百度。我们大概算一下，百发只有 10 个亿规模，假定它最后就只做到 6%，和 8%的预期收益率还差 2%，那百度也就补贴近两千万而已。这点钱对百度来讲简直就是毛毛雨，百度完全有实力进行补贴，所以我相信百发最后能达到 8%的预期收益率。

百发的收益率这么有保证，为什么规模不能做大点呢？我认为百发是做不大的。

经济学上有一个基本原理，任何一个投资产品的核心是三要素：有风险、收益和资金规模。这三要素是不可同时兼得的，又要风险小，又要收益高，还要规模大是做不到的，因为一旦有一个风险小、收益高、规模又大的产品的话，一定会有大量资金涌入，一下子就把收益吃掉或者将资金规模变小因为市场是有效的，别人都跟你一样聪明。如果你能找到一个风险小、收益高、规模又大的策略，不要高兴，很快别的交易员就会冲进来。所以百度百发成功的关键在于它只有 10 个亿的规模，以百度的实力完全可以承担这样的成本，不用担心它失败，但是它绝对做不到像余额宝那样大的规模。如果说 2500 亿甚至将来 5000 亿做到 8%的收益率，大家觉得百度能承担得起这么大的补贴吗？它违背了最基本的经济学原理。

所以任何一个产品只能进行三要素中的两个进行优化：

（1）低收益/低风险/大规模。比如货币基金年化收益率为 3.5%、4%，未来几年可能还要低。债券基金 4.5%左右，这个收益很低，风险也低，但规模可以做得很大。货币基金可以做到几万亿，债券基金也可以做到几万亿，没问题。

（2）高收益/高风险/大容量。传统的公募股票基金就属于这一种：2008 年亏得很厉害，2007 年赚得很多，波动率非常大，大涨大跌，规模也可以做得很大。

（3）高收益/低风险/小规模。比如量化投资教父西蒙斯教授，他的大奖章基金每年都能赚 35%以上，连续 20 多年了，但是规模只能做到 50 亿美金，在全球两万亿美金的对冲基金市场中属于非常小的规模。国内也有类似的高频交易产品，差不多也就两三千万的规模，很难再扩大。

百度百发可以归为第三种，因为和余额宝相比，其收益率明显高了很多。如果百发想确保客户的收益率能兑现，只有将规模做小，因此百度百发完全是利用资金优势来刻意包装明星，包括其他几个互联网企业的金融产品，网易的产品号称 10%，还有更小的互联网公司推出 12%的高收益率产品，就是将规模做得小小的进行包装，打一个广告效应而已。

## 广告效应

提起聚光环效应，不禁让人想到王亚伟和他那曾令人吃惊的华夏大盘基金。2005年底，王亚伟出任华夏大盘基金经理，神话开始上演。2006年，华夏大盘以154.49%的业绩在118只基金中排名第12。对应上证综指涨幅达到了130%，而同期净值增长超过这一数字的基金有19只。

2007年，该基金气势如虹，以226%的净值增长率高居国内各类型基金之首，比第二名高出35个百分点，其净值增长率是同期上证综指涨幅的2.33倍。一时间，华夏大盘成为万众瞩目的牛基。

2008年，A股断崖式下跌，华夏大盘净值仅下挫34.88%，在抗跌榜中排名第二。这一业绩最终奠定了王亚伟的王者地位。2009年，华夏大盘以微弱优势占据头牌。随后两年虽然未夺冠，业绩也在前二十。在这一过程中，华夏大盘一直保持封闭，资金只出不进，保持小规模运作；另外，虽然对外宣称只买大盘蓝畴股，但业界一直诟病其只买小盘冷门股，所以无论从实际规模及所买股票来看，华夏大盘实际是地道的“华夏小盘”，披着高大上的外衣，做着小而美的投资。

对于华夏基金而言，王亚伟的成功成了一面旗帜，也成了一棵摇钱树。鼎盛之时，2009年华夏发行沪深300产品，3天之内卖出200亿，不得不说，这与王亚伟的明星效应息息相关。而百度百发如今正将华夏之道发扬光大。

不管是百度百发，还是后来的网易理财，这种高收益的互联网理财产品，如果是第一支产品，完全可以做到预期收益，但是规模肯定做不大。那百度为什么这样做呢？其目的就是集中优势兵力，打造有聚光环效应的产品。

百度百发的营销思路跟当初的华夏大盘如出一辙。我们知道，华夏基金整体规模2000多亿，但华夏大盘只有50多亿，集全公司的力量包装出一个王亚伟，包装出一个华夏大盘来拉动别的产品销售，这是华夏基金一贯的路数。投资者因为买不到华夏大盘，就会去买别的产品。因此王亚伟和华夏大盘给华夏基金带来的广告效应拉动了很多业务量。

通过包装百发，一下子让别人知道百度也有这样的东西。百度做到这些，实际上是以牺牲规模为代价的。百度之所以这么做，是因为它目前正面临很多困境。

## $ 百度的困境

百度作为三巨头之一，在互联网金融时代要和阿里、腾讯竞争，它有很多的劣势。

第一，缺乏渠道。淘宝有海量用户，其中数十万商家都具有很强的资金实力，阿里可以使用“自动归集”功能来支持余额宝的发展。什么叫自动归集？就是自动将淘宝商家支付宝账号中的闲置资金转到余额宝里去。因为淘宝具备海量用户的支撑，所以能支持余额宝的发展，这是百度所不具备的。百度虽然有很多人用，但只是通过它检索，并不会通过它支付。

第二，缺乏支付。我们知道支付宝是一个便捷支付工具，由于有支付宝支撑，余额宝可以用来直接做交易。百度并没有这样一个东西，其曾经做过一个电子商务平台叫做“有啊”，但是用户很少，基本上没有什么市场占有率。阿里因为有整个阿里电子商务体系做支撑，有强大的产业资本，所以才能如此轻松地支撑余额宝的发展，百度没有这样的平台。

第三个，缺乏客户联系。现在客户之间的联系绝大多数是通过 QQ、微信进行的，这种属于强社交关系，大家每天都在用。所以腾讯做互联网金融很可能会后发制人，由于百度没有这样的东西，很难留住客户。

互联网三巨头中，阿里、腾讯的用户具有很强的粘性，这种粘性已经造成了强大的马太效应，使得后来者已经很难有机会超越。马太效应用通俗的说法就是：“强者恒强”。

马太效应的说法来自于《圣经》里面的一句话："上帝对马太说，你拥有的我还继续给你，你没有的我要将你所仅有的还要拿走"。后来就用马太效应形容强者恒强、弱者恒弱的现象。在日常的生活中，马太效应无处不在。比如说房地产领域中，北上广市中心房价为什么会越来越贵？就是马太效应在起作用，因为它集聚了太多资源，教育、医疗、就业、服务的优势都集中在大城市、超大城市，所以年轻人都从三四线城市往一线城市涌。未来会出现两级分化，大城市的房价还会涨，三四线的房子会跌，这是马太效应的典型表现。

正是马太效应的存在，在一个充分竞争的市场往往就存在两大巨头：第一个特别大，第二个小一点，之后的可以忽略不计，比如百事可乐/可口可乐、麦当劳/肯德基、耐克/阿迪达斯、加多宝/王老吉，相关领域第三名都不被熟知。

马太效应是指强者愈强、弱者愈弱的现象，被广泛应用于社会心理学、教育、金融以及科学等众多领域。如今中国一线城市飞涨的房价背后就有马太效应的身影：聚集了众多优厚资源的北上广，吸引了越来越多来自三四线城市的年轻人，尽管一再调控，大城市房价仍然维持在较高的水平，而小城镇的房价却愈显回落。

在一个充分竞争的市场，通常就只有两家巨头，在互联网领域，这样的马太效应也曾应验。例如在C2C商城中，阿里的淘宝一家独大，腾讯的拍拍名居第二，而百度曾开设"有啊"商城，最终却销声匿迹。在社交联络方面，QQ和微信也牢牢把握了人心，暂没有第三款产品能够超越，阿里的"来往"死活也成不了气候。

这不禁让人联想，互联网金融时代的战争号角已经吹响，传统的互联网三巨头阿里、腾讯和百度，还能否三足鼎立，留存昔日辉煌？

传统互联网有三巨头，而在互联网金融时代，是不是还有三巨头？这很难说，也许可能只是两巨头，甚至变成单巨头，这完全是有可能的，百度为什么一定要做百发？因为它发现自己在互联网金融时代已经落伍了，它想在这里面占有一席之地。

那百度金融能够成功吗？百度百发这个单款产品，我认为是没有问题的，因为它只要购买市场上收益率为8%的低风险资产就可以，如果做不到，李彦宏自己掏腰包也可以做得到，这一款产品没有什么风险。但是这样的产品没办法大规模复制，就像当年的“华夏大盘精选”，普通老百姓根本不可能从中获益，这纯粹只是一个广告效应。百度百发就是在烧钱，烧一个广告效应，让别人知道在互联网金融时代百度还在，仅此而已。如果将来100亿、200亿甚至1000亿这样规模的、收益率为8%以上的产品，大家一定要小心，里面有很大风险。

我个人认为百度金融如果在产品级跟阿里、腾讯竞争，几乎是不可能的事情，余额宝有整个阿里体系做支持，本质上提供了银行的服务，我相信阿里最终会成为一家网络银行。腾讯的优势是生活服务，微信现在也有支付功能，用户拿着手机到处去吃喝玩乐，可以用微信支付，这就取代了银联POS机的功能。百度的优势在于搜索，所以它其实并不适合直接做产品，更适合于做金融产品库，用户在百度上检索各种产品，通过百度的第三方销售平台进行金融产品购买，这个是百度的优势。

前一段时间看到一个资料，腾讯收购了好买基金，我觉得是一个很奇怪的事情，因为搜索并不是它的优势。如果腾讯收购了吃喝玩乐类的公司，如订餐小秘书、饭桶网这样的公司，我觉得是比较合适的，或者是收购携程、去哪网、艺龙这种，这些可以和腾讯的平台结合起来。我认为最该收购好买基金的应该是百度，用百度的搜索引擎能力导入流量，人们通过百度检索金融产品的时候能够看到金融产品的分析，并可以直接在网上购买，这些才是百度的优势。所以百度直接做产品，我觉得不是它的优势，其应该做一个金融产品的搜索。

总而言之，在互联网金融时代，阿里其实最适合开银行，腾讯最适合做证券，百度最适合卖产品。所以未来互联网金融时代，我相信传统三大巨头会按照自己的基因，在各自最适合的道路上发展。这是历史的趋势，也是由各自的基因决定的。

# 腾讯打劫券商佣金

余额宝的横空出世对银行产生了巨大的冲击，现在腾讯又瞄准了另外一个行业，就是以经纪业务为主的证券公司和期货公司，这些互联网土豪对券商和期货公司会有什么样的冲击呢？本节以腾讯的佣金宝为例，重点讨论互联网金融时代对传统经纪业务的影响及其中的机遇。

## 佣金宝的震撼

继华泰证券的“足不出户，万三开户”之后，2014年2月，国金证券推出首只互联网金融产品“佣金宝”，并扛出了“万二佣金”的大旗。投资者通过腾讯股票频道进行网络在线开户即可享受万分之二的交易佣金。低廉的佣金与券商实体店普遍的万分之八左右的佣金形成强烈对比。

毫无疑问，这场不见硝烟的“券商佣金战”已经在暗地里全面开打。这对所有抱怨着“一直在为券商打工”的投资者是个大利好，但对成本就在万分之二的所有券商来说都是大利空。多家证券公司负责人表示近期不断有客户提出降佣要求。从目前的证券市场格局来看，大券商更倾向于坚守“万八”同盟，而小券商则压力重重。不过，无论券商佣金战如何演绎，佣金更低的券商无疑为广大投资者提供了新选择。

国金证券披露的 2 月份财务数据让券商们大吃一惊，2 月净利 1.07 亿元，1～2 月累计净利润近 1.5 亿元；公司 2 月份净利润较 1 月份环比增幅超过 100%；在 2 月份交易日少、市场成交低迷的情况下，创出如此巨幅的增长，不得不让我们猜测腾讯与国金证券合作的“佣金宝”贡献了不少利润。

腾讯和国金证券开发的佣金宝在市场上引起非常大的轰动，其最夺人眼球的就是万二开户。我们知道券商的各种规费加在一起就是万二，因此万二开户基本上意味着是零佣金。

在佣金宝推出的前两天，有一个叫东航期货的小期货公司也大肆打出。“零佣金开户”这样一个标语，虽然两天后迅速被监管者叫停，但是通过这两件事可以看出，传统的以经纪业务为主的券商和期货公司的模式正在受到互联网土豪越来越多的冲击。那么佣金宝到底好在哪里呢?

第一个好处是可以网上开户。以前，投资者做交易必须到券商的营业部现场开户，要填一堆的表格，要签一堆的风险揭示函，然后还要做各种各样的银期转账等很复杂的手续。但是在佣金宝里，只需在网上填表，就可以很简单地完成开户手续，这对一些时间敏感的高净值客户而言，无疑是大大降低了时间成本，提高了交易的便捷性。

第二个好处是几乎零佣金。目前市场上券商的平均佣金大概是万分之八左右，对于一些大客户而言，也就能拿到万分之三或万分之四左右，但是与万分之二这样的低佣金相比依然有很大的差别。特别是对于一些交易比较频繁的投资者而言，佣金的变化将极大地影响他的交易行为和收益率情况。据媒体报道，之前的东航期货零佣金推出后一天之内就开户四百多家。这对一个每天正常开户只有二十多户的期货公司而言，无疑是一个天文数字，由此可见佣金的降低对投资者有很大的吸引力。

第三个好处是佣金宝提供了余额理财服务。闲置的资金可以通过佣金宝去买货币基金等理财产品，从而提高收益率。投资者平时做交易的时候不一定会满仓，资金是闲置在那里的，这时候券商往往将闲置的钱拿去买理财产品，这样额外的收益将归券商所有。

第四个好处是佣金宝还提供了一个价值 6888 元的理财资讯产品。当然这个可能没有太大的意义，但是作为一个白送的服务，对于投资者而言，有总比没有的好，还是会有一定的吸引力。

所以上面四个组合优势使得佣金宝推出的时候一下子就受到了市场热烈追捧。对于投资者而言，只需要网上轻轻点击鼠标就可以很容易地从券商换到佣金宝，从而享受多重优惠，投资者何乐而不为呢?

也正是因为这样，佣金宝推出以后得到了广泛的响应，据相关的数据显示，佣金宝每日新增开户数突破一万人，这对于国金证券这样的中小型券商而言，是一个不可思议的成绩。那有人可能要问国金证券的成本价就是万分之二，佣金宝这种模式就意味着国金证券从经纪业务中将无法获得一分钱的收入，并且还要承担相关的人员和机器的成本，那么国金证券或者说佣金宝通过什么样的方式盈利呢？我认为腾讯和国金证券可能会采用的是嘉信理财的方式。

## 嘉信理财模式

佣金宝的推出完全是互联网思维下的一个产品。什么叫互联网思维呢？2012 年百度的李彦宏先生曾经说过，未来的发展一定要有互联网思维。互联网思维就是不要指望每一笔交易都要赚钱，用聚少成多的方式将客户聚集在自己旗下，然后通过增值服务的方式去盈利。我们传统的企业，比如卖衣服的企业一定要卖件衣服赚你一次钱，卖一条裤子赚一次钱。互联网企业不是这样，大部分东西可以不赚钱，但只要你在我的平台上运作，后面可以通过很多的增值服务去收益。目前的 QQ、阿里巴巴、百度都是通过免费的方式获得了大量的客户之后，通过后续的服务进行盈利的。

国外类似于佣金宝的有两种模式：一个叫 E-Trade，一个叫嘉信理财。其中 E-Trade 是纯粹以低价开户的方式进行网络交易。从佣金宝及腾讯目前发展的战略来看，佣金宝更像嘉信理财。

嘉信理财 1971 年成立于美国旧金山。1975 年，美国证监会开始在证券交易中实行议价佣金制，嘉信理财抓住机会，把自己定位在为客户提供低价服务的折扣经纪商而获得初期的发展。1979 年，公司意识到计算机电子化的交易系统将成为业界主流，因而投资建立了自动化交易和客户记录保持系统。这时，公司的口号是成为“美国最大的折扣经纪商”。1987 年，嘉信理财公司的股票在纽约证交所上市，2001 年底，公司的市值为 216 亿美元。

90 年代中期，互联网大规模兴起，嘉信理财公司大胆地预见到互联网将会成为对中小零散客户进行大规模收编集成的重要平台，于是率先加大了对互联网在线交易系统的投入。从此，嘉信理财公司把传统的经纪和基金等业务捆绑在高速前进的互联网列车上，整个公司的业绩突飞猛进，迅速成为美国最大的在线证券交易商。此后，整个美国资本市场进入了互联网交易时代。目前，公司为 780 万客户管理着 8600 多亿美元的资产，对股东的投资回报率一直高居美国“财富”500 强公司前 10 名。目前的腾讯证券似乎正在成为“中国版的嘉信理财”。

嘉信理财的发展历史中有很多的特点。第一，它的佣金率是逐步下降的，这个和国内目前券商经纪业务的发展路径很类似，过去几年券商的经纪业务佣金率逐步下跌。从最初的千三跌到千一，跌到万五，现在又要跌到万二，这是一个历史趋势。

第二，嘉信理财为投资者的闲置资金提供利息。当然提供利息的方式多种多样，其中一种就是以货币基金的方式进行，目前佣金宝正在做的事情也类似于这样一个结果。

第三，嘉信理财提供一个开放的服务平台。那么什么叫做开放的服务平台呢？目前国内的券商都是封闭的，你在我这里开户才能够使用我的服务，中信证券的客户不可能去享受海通证券的研究报告。但是嘉信理财不一样，它的平台可以为所有人使用，研究报告、数据都是公开免费的。客户习惯使用这些数据后，就会产生依赖，不再想去别的地方做交易，这时嘉信理财就可以利用资产管理去赚钱。

在投资领域中佣金率并不是最重要的因素，最关键的是投资管理能力。虽然很多投资者获得了非常低的佣金率，但是由于他缺乏投资能力，依然会经常亏钱。此时嘉信理财提出基金发行计划，比如说发行一个保本型基金，在确保投资者不亏钱的情况下还能有额外收益，这样的基金对于投资者而言无疑具有相当大的吸引力。

所以嘉信理财的盈利方式完全是基于互联网思维的，重要的不是一单或者个别客户带来的收益，而是要创建一个有大量客户聚合的平台。比如前段时间打得很火热的打车补贴，阿里巴巴和腾讯分别对旗下的快地打车和滴滴打车给予高额的补贴，其目的就是通过这种方式培育用户的使用行为，当大量的客户使用打车软件叫车以后，后续计划才会有大量的收益机会。

当初淘宝走的就是这样一个路径。最初淘宝是全免费的，很多人认为淘宝就是在烧钱，可能会撑不下去，但是后来它又搞了很多的方式比如聚划算、直通车等各种各样的赚钱方法，只要你有了足够的人气一定会有方法赚钱。嘉信理财聚集了大量的客户之后通过资产管理去盈利。一个资产管理产品管理费收 1%，但收益却非常可观，佣金万三、万二别人都会觉得很贵，那是因为资产管理是真正的增值服务，佣金纯粹是一个通道业务，不具备核心竞争力。

也许未来竞争惨烈，连万二的佣金率都不要了，完全零手续费也是可能的。虽然万二属于监管层的规费，但是大的平台商为了吸引人可以自己来代付这种规费，比如支付宝中的跨行转账是不要钱的，但其实跨行转账需要向银联支付内部转账费用，在支付宝的跨行转账中，费用由支付宝代为支付，所以我们看到的是支付宝完全零手续费转账。

讲了这么多佣金宝的优点，很多读者可能会问它是不是还有些缺点呢？其实佣金宝刚推出的时候，确实有很多的弊端，很多网友也在网上吐槽。不过仔细研究一下就会发现，佣金宝的缺陷其实并不是由它自身所造成的，更多的是与监管规则有关系。比如监管规则要求在网上开户之后，还需要去现场补办手续。

同样的，前段时间东航期货的零佣金开户被叫停其实也是因为监管层的原因，理由是网上开户对投资者的风险揭示不够，一定要去现场去开。但这个理由其实并不能完全站得住脚，从技术角度上讲，进行网络的风险揭示也是完全可以做到的。监管层的叫停更多的还是有背后既得利益的干扰。因为以佣金宝或者东航期货的零佣金为代表的互联网模式的交易平台确实对传统的经纪通道造成了很大的冲击，这些主要依赖传统经纪通道业务的公司提出这样的监管要求也就不难理解了，但是历史的潮流不可阻挡。

## 券商惨烈竞争

腾讯与国金合作推出的佣金宝以万二低佣金，与其他券商打响了佣金肉搏战，无论“零佣金”时代是否由此拉开大幕，佣金宝的出现都给券商行业带来颠覆性的影响，券商经纪业务开始分化和转型，不再单纯依靠佣金价格来争取投资者，而是必须在服务力度上不断加强。

在这方面，佣金宝走在了前面，在提供“万二佣金”的同时，还为投资者的股票账户保证金余额提供理财服务，为佣金宝客户打造高价值咨询产品，提供股票等产品的投资建议，帮助客户在股市获取投资收益。

所以在资本市场的免费时代里，券商必须要快速调整步伐，寻找到新的财富途径。否则失去了佣金收入的券商该如何存活下去？又该提供怎样的服务以吸引投资者呢？

毫无疑问，腾讯与国庆证券进行这样的合作后，其他的券商也会积极地参与这种互联网的金融产品，但我并不看好其他券商在这方面的努力，原因如下：

第一是系统架构问题。传统券商的 IT 系统一般是基于 IBM oracle 的数据系统，这种以集中服务器方式出现的系统很难适应互联网海量用户，比如百度有十几万台服务器，阿里巴巴的阿里云服务器也有数十万台，这种大规模的服务器系统不是普通券商的 IT 系统所能抵抗的，而要做到阿里云那样的效果就意味着券商需要做大规模的升级改造，需要投入巨资，这个对目前的券商而言几乎不可能做到。

第二是先发效应。余额宝出来以后，很多银行体系也产生了很多宝宝，包括其他的互联网公司也开发了类似宝宝这样的产品。但是没有一个宝宝能够与余额宝抗衡。其关键就在于先发效应，余额宝的先发效应带来的优势是巨大的，其他宝宝短期很难超越。

在互联网领域往往是强者恒强。所以当腾讯和国金证券开发了佣金宝以后，短期内别的券商想突破佣金宝的优势恐怕是比较困难的。因为大量客户喜欢用佣金宝转到国金证券的平台上做交易，这会带来明显的规模优势。这对客户来讲选择第一个已经很好了，实在没有必要冒险去选择第二个类似的产品。所以说互联网时代永远只有第一，没有第二。

当然很多人可能会问余额宝的出现确实有很大的影响，但是对银行貌似没有造成真正的颠覆性影响，银行日子依然很不错，是不是把佣金宝想象得过于强大了呢？

任何一个行业不可能被别的行业的一两个产品打败，但是以余额宝和佣金宝为例的互联网金融产品实际上是对整个行业的游戏规则进行了颠覆。余额宝确实对银行整体的影响不是很大，但正是由于余额宝的出现，银行体系才会自己开发出那么多类似的宝宝，从而带动中国利率市场化的发展，这无疑是件幸事。

银行业大约有一百多万亿的资产、四十多万亿的存款，而且还有央行作信用支撑，肉很肥，一夜之间不可能咬动。但是券商不一样，券商的实力比银行差很多，并且券商总数只有一百多家，其中很多中小券商的竞争实力是比较弱的。由于佣金宝的出现，很多互联网企业发现原来可以通过这样一种方式介入到券商领域中。

余额宝问世之后很多互联网土豪发现，原来银行并没有想象中那么强大，于是大量的互联网企业开始开发各种各样的宝宝。佣金宝的结果也是一样，互联网企业发现券商与银行相比更加不堪一击，并且互联网企业作为渠道方具备天然的优势，它们拥有的点击率和影响力不是一般券商所能比拟的。

大的券商如中信、海通等企业，其实很难找到对应的互联网企业进行合作，因为互联网企业一般都要寻求控股。腾讯为什么找国金证券合作？根本原因是国金证券现在处于风雨飘摇之中，自从魏东离世之后，国金证券已经失去了上面的照应，并且国金证券在魏东在世的时候，拿满了各种各样的牌照，是一个非常优质的资产。

所以对中信、海通这样的大券商而言，它们很难被互联网企业控股，只能自己独立开发平台，但是由于多年缺乏底层 IT 系统积累，改造将会比较缓慢。此外这些大券商的人员机构都是为传统的业务流程配备的，海通证券大概有两百多家营业部，对于这样的庞大分支的机构而言，全部转为互联网金融模式就意味着大量的人员要下岗，这会引起严重的社会问题。而中小券商的力量本来就比较薄弱，所以它们将最有可能被佣金宝淘汰。

国内的券商目前能提供的增值服务确实不多，基本上是开户和简单的交易功能。只有大券商有能力作出一些比较高质量的研究报告，为投资者提供有价值的投资建议。对于中小券商而言，那么多的营业部纯粹是负资产，未来随着互联网企业大量进入，券商和期货公司的经纪业务面临大洗牌，大量营业部将被压缩是一个不可避免的趋势。

大券商如果能够在 IT 系统以及互联网平台方面有所建树，还是可以跟上前进的步伐，但是前景不容乐观。所以大券商只有往高端走，服务真正的机构投资者，比如银行、保险、对冲基金等。这些大基金其实对佣金并不太敏感，它们需要的是更加高端的服务，而不是目前券商提供的那些可有可无的研究报告。

第一，需要提供大数据支撑，也就是说将各种各样的数据都买全，国内的如万德、聚源，国外的像彭博、路透，并将这些数据整合到一个统一的数据平台，最好能提供一个统一的 API 接口，让机构能够在上面进行程序化系统开发。

第二，需要提供一个极速的交易平台。国金证券虽然佣金率比较低，但是交易速度较慢，对需要高速交易的投资者而言，传统经纪业务通道的速度显然是不能被接受的。

第三，创造一些如高端投资者俱乐部的交流机会。请一些很牛的海外专家、国内优秀专家、投资者进行交流，或者提供名牌大学深造的机会，以及类似于游艇会这样的东西，这些是那些真正的高端投资者所需要的。如果能够提供这种高端服务，投资者不在乎多支付一点佣金。

所以从腾讯、阿里的商业模式可以看出来，在互联网金融时代更重要的是平台效应，而不是具体的每个单子的得失。腾讯利用微信平台抢了中国移动、中国联通的饭碗，现在又开始通过佣金宝、理财通等对券商和基金进行掠夺，那腾讯下一步可能会对哪些行业进行颠覆呢？

仔细分析一下，就可以知道微信、QQ 提供的是一种大众化的、标准化的服务。也就是说，只要是能够进行标准化的东西，都有可能是腾讯涉猎的范围，比如说保险公司的保险产品。现在保险公司的业务人员几乎成了公害，将产品和服务吹得天花乱坠，但是真正到理赔的时候则一问三不知。

保险产品大多数都是可以成为标准化的东西，比如车险、人寿保险，往往只需要一张表就能够说清楚。目前保险公司的业务人员推销产品往往说得非常动听，但是保险合同条款里面可能隐含了很多不为人知的陷阱，所以很多时候人们不敢去买相应的保险产品。如果微信里面能提供一些简单的、标准化的，特别是保障类的保险产品，出于对微信和腾讯的信任，我想大多数人还是可以考虑的。

而且微信里面的保险产品可以通过微信支付的方式非常容易买到。目前保险公司的产品，很多时候需要上门去购买或者隔一段时间通知你该交钱了，不断地打电话跟投资者要求交钱，但是具体什么东西说不清楚。真正到了理赔的时候非常麻烦，要做各种各样的证明才能够拿到钱，很多时候在相当长的一段时间内都无法拿到理赔的款，这种用户体验非常差。

互联网企业的一个基本思想是非常重视用户体验，前段时间三马卖保险，腾讯、阿里和平安建立了一个网上保险公司叫做众安保险。我相信众安保险应该是基于互联网思维建立起来的保险公司，它一定会提供大量简单的标准化保险产品。

第二个可能被颠覆的是最近非常火的 P2P 理财。P2P 理财本质上是熟人之间的借贷关系。如果是陌生人的生意，往往不敢借钱，就算借了利率也一定非常高。微信的朋友圈本质上是一个熟人关系。所以如果微信提供了一个熟人之间可以借钱的通道，这样的借贷关系显然要比 P2P 平台要好很多，因为熟人之间的借贷还是有一定信用基础的。如果有人借了钱不还，可以在微信的朋友圈里面把他列入黑名单，这样别的朋友就知道他是赖账份子，于是他会失去更多朋友的信任。

当然这种方式一般只适合于资金规模较小的借贷关系，如果规模更大的可能还是需要通过传统的银行体系进行。因此微信借贷主要是适用于一些临时缺钱用的人，属于短期拆借的方式。

说白了互联网公司提供的是一套标准化的产品，大家在这个标准化产品的架构下，可以享受互联网金融带来的便利，因为互联网企业的一个重要优势就是交易成本比较低，这是传统金融企业没办法达到的。因此传统金融企业更多是服务一些大客户，而针对小额的客户或者小额的金融行为是互联网企业的优势。

金融行业最关键的是要解决信息不对称的问题。我们为什么要去银行贷款？因为外面不知道有谁可以借钱给我，我们需要银行这样的资金中介机构。P2P 平台其实就是打通了借方和贷方的一个信息平台。但是最近一年有很多的 P2P 平台倒闭，其根本原因是因为它对借方没有足够的信用调查，而微信的朋友圈里是可以建立信用记录的，这是一个有巨大市场的领域。

第三个被颠覆的是第三方理财。现在有很多的第三方理财公司的很多业务人员都是从银行体系里出去的，他们无非就是找到一批产品，然后找客户去购买。这样的业务在微信的朋友圈里面一样可以进行，因为你向朋友推荐的产品往往都是经过深思熟虑的，否则如果朋友遭受了损失，你的信誉将会降低，未来在整个朋友圈里面都会很难生存。

经济学里有一个基本原理叫做一次博弈注定背叛，意思是说如果我只跟你做一次生意，一定会想办法骗你。但是在连续博弈的情况下，也就是说我如果未来还要跟你做很多次生意，那我一定尽可能不去骗你。这也是在风景区的东西往往又贵又差的原因，因为去风景区的游客基本上都是一次博弈，绝大多数都不会再去，在这种情况下，风景区的商户没有必要因为口碑的原因做出好的产品和服务。他们所要做的就是尽可能去忽悠一下，博取每一次的最大利润。但是如果是在市区，尤其是居民区密集的超市里面，你的东西不好的话将很容易被周围的顾客所抛弃。

微信的朋友圈是一个多次博弈的关系，我不能因为一次的失误将朋友关系丢失，这对我将来的发展没有好处。所以在朋友圈销售金融产品一定会将风险给朋友说清楚，比如我给朋友推荐股票的时候，一定会讲清楚这个股票背后的风险，而不是简单推荐让对方大量持有。

目前看来，互联网金融对券商行业已经造成了较大的影响，最终可能带来整个市场的两极分化。一部分高端的券商会走机构服务类，比如中信、海通这样有强大投研实力的券商。另外一部分则像国金证券那样，提供最基础的平台服务，剩下的中小券商在市场的大潮中可能很难活下来。在这之中有一些优秀的、有投资能力的团队，将很可能踏足私募领域，成为未来大资管时代的主角，其中有一部分强大的力量叫做对冲基金。

中国资本市场过去十年可以称之为博傻时代。散户的比例太高，机构的比例太少，在国外70%以上都是机构投资者，在中国市场超过80%的都是散户。当然这跟中国投资者的性格有关系，国内的散户基本上都不相信别人，尤其不相信机构投资者，总觉得自己特别牛。另外国内的投资者心态比较着急，特别想赚快钱，且中国过去30年经济的高速成长确实给了一些人快速致富的机会。

例如2007年这样的大牛市，随随便便就能够做到两倍、三倍的收益，过去20年中国的房地产市场也像坐了火箭一样蹭蹭地往上涨，所以在这种情况下，百分之二三十的投资收益对投资者而言是没有任何吸引力的。但是随着中国经济的下滑，尤其是房地产市场的走弱，中国的投资已经慢慢远离博傻时代，特别是中国互联网金融使得信息不对称的效果越来越低，其中机构投资者的信息优势、数据优势将会在未来的投资中越来越体现出重要价值，散户会逐步被逐出市场，市场也会慢慢成为机构进行博弈的场所，这其中一大块就是以量化对冲为主的对冲基金。从2013年开始，中国的对冲基金得到了长足发展，它们发行的产品绝大多数都获得了正向收益，得到了市场的一致好评。

## 对冲基金蓝海

与传统公募基金相比，对冲基金属于另外一个有特性的投资产品。传统的公募基金主要以获得相对收益为主，一般发行的公募基金产品都有一个基准收益率，比如大盘指数，只要我的基金产品比大盘指数跑得好就可以了，所谓跑得好就是说在熊市的时候跌得比指数少，在牛市的时候涨得比指数多。但是这样带来一个问题，就算该基金产品可以超越市场，但是在熊市的时候一般也会亏钱，这个对资金安全有严格要求的投资者就不是一个很好的投资品种。

对冲基金则不一样，它一定会将市场的下行风险对冲掉，这样在熊市中依然可以获得绝对收益，当然这个绝对收益可能不太多，一年百分之十五到百分之二十，好一点的是 30%，这已经是对冲基金中比较突出的成绩了。海外最大的对冲基金叫桥水联合基金，它每年的平均收益率也就是 10% 左右，但是规模做得非常大。

过去几年的大熊市教育了一批投资者，他们发现原来股市确实是可以亏钱的，于是这些人就降低自己的收益预期，不再追求一年翻倍的收益，只希望稳稳的，一年百分之十、百分之二十就非常满足。投资者的逐步成熟也带来了中国本土对冲基金的飞速发展，当然股指期货的推出也给了这些对冲基金经理更多展示自己才华的机会。国内本土对冲基金发行的产品策略很多，有阿尔法套利、商品期货套利、分级基金套利等策略。

这样一种稳定收益的产品得到高净值客户以及机构投资者如银行、保险等投资者的青睐，这是中国本土对冲基金产品过去几年得到爆发式增长的重要原因。

以传统投资相比，对冲基金团队背后一般都有强大的数据做支撑，并以模型为核心。用一个简单的比喻，散户用的是小米加步枪，公募基金差不多就是飞机大炮，而这种基金差不多就是巡航导弹级别。量化对冲领域的鼻祖西蒙斯教授是著名的大奖章基金的创始人，他号称自己的计算机系统是全球第二，那么第一是谁呢？是美国国防部。西蒙斯的系统拥有全球市场几十年的数据，而且几乎有每一笔的订单的具体数据，他招聘了大量的数学家、物理学家，其中有好几个还是获得诺贝尔奖级别的顶尖人才做数据分析，这样的研究团队哪里是一般的散户所能比拟的。

对于这些机构而言，它们更在乎的是券商能提供数据和交易方面的支持，而不仅仅是佣金，很多情况下它们对佣金其实不是很敏感。因为对冲基金的核心是量化投资，或者说基于大数据的投资分析。所以未来的券商会两极分化，一部分为对冲基金提供高端服务，一部分为散户提供廉价服务。当然有读者可能会问腾讯既然已经占据了相当的市场份额，那么它是否也会切入高档服务呢？我个人认为这个可能性非常小，因为腾讯的基因里面并没有量化投资的基础。真正能够提供对冲基金高端服务的一定是行业人士，比如说阿里做余额宝，依然要跟天弘基金合作，虽然在互联网的渠道方面阿里巴巴比较厉害，有钱有平台，但是专业知识不足。阿里巴巴和民生银行做直销银行，也只是作为一个渠道而已，银行系列产品依然需要银行提供，所以互联网本质上是一个平台。

腾讯从佣金宝未开始可能会成为一个云经纪服务商，各种基础的交易服务通过云平台实现，为散户提供行情、交易、数据等标准化产品。真正高端的产品一定是定制的，所谓私人订制一定需要由真正专业的团队提供专业服务，这个不是腾讯所拥有的。那高端服务到底包括哪些东西？我认为大致包括这样一些内容。

第一是产品发行服务。一个私募投资者要想做大，仅仅依靠单账户的方式是不可能的，它必须变成一个真正的产品，不管是作为特定专户投资产品还是公开发行产品，必须是一个标准化的产品形式。在这个过程中就要草拟合同，组织投资者见面会，包括高端游艇会等。一个对冲基金经理可能数据分析很牛，能够找到规律，知道怎么去交易，知道怎么去赚钱，但是谁会相信你呢？此时就需要依靠券商的渠道优势替你做各种推介。这是券商所能提供的服务，不是腾讯的优势。

第二是运营及清算服务。对冲基金经理的优势是做交易、分析，他不可能花大量的精力去对产品进行清算估值。这样的服务肯定会由第三方实现，其中一个主力军就是券商。现在以中信、海通为代表的一些大券商都提供了主经纪商的服务，即为这些私募基金经理提供一站式的运营清算估值服务。

第三是提供数据平台服务。对于个别的对冲基金经理而言，花巨大的代价去买数据是没有意义的，若券商买来之后构建成数据平台，提供给多个对冲基金经理使用，这样整体的成本会降低，并且基金经理分享这些数据对自己的整个交易也会有很大帮助。数字平台其中有非常重要的一项，叫做策略编写服务。现在很多大券商都有独立的 IT 团队帮优秀的对冲基金经理撰写交易策略。这些对冲基金经理具有核心的交易思想，缺乏策略编写能力，而这样的服务由券商来提供最适合不过了。

目前一些国内顶级的券商，包括一些顶尖的期货公司都已经能够提供这种策略编写服务，这才是未来真正的高端服务，在海外早已非常流行。如全球最大的对冲基金联合桥水经济的基础 IT 服务主要由高盛提供。所以海外顶级的投行都可以为优秀的对冲基金经理提供私人定制的服务。

中小券商没有实力提供这样的服务，所以被腾讯吃掉只是时间问题。业内基本上公认 2013 年是对冲基金元年，2014 可能是云经纪服务元年。投资者也会两极分化，高端投资者会选择去顶尖的券商获得顶尖的私人定制的服务，普通的散户则更多地去佣金宝这样的互联网平台，享受廉价的佣金，当然不会享有其他的服务。

传统的金融行业如银行、保险、券商等，它们赚的并不是能力的钱，而是牌照的钱，但随着牌照逐步放开之后，牌照上所附加的特权也会被剥离，这时市场会真正进入全面竞争的时代。能够真正给投资者提供有价值的东西，才能够赚到利润，在这种情况下，少许佣金的变化对高端投资者其实并没有太多影响，他们更多的是需要差异化的高端服务。腾讯的零佣金和东航期货的佣金宝作为两条鲶鱼正在碾开券商和期货公司传统经纪业务的坚冰，其来势可能比想象中的更加迅猛。所以券商和期货公司要尽早想想未来该怎么办。是应该走高端路线还是走普通路线？或者干脆被并购？这或许对很多券商来说是一个不错的选择。

# 财富管理篇

# 分级基金：高杠杆的疯狂

本节给大家介绍一个很好玩的投资品种，叫做分级基金。股民朋友们都有这样的感受：牛市来了，自己的股票跑不赢指数，赚了指数不赚钱；熊市的时候，股票价格跌得比指数要惨得多。那么有没有一种投资品种，牛市的时候跑得比指数还要快，熊市的时候又能不亏钱呢？传统的股票是做不到这一点的，但是有一种基金产品叫做分级基金，它具备这样一种功能。

## 分级基金原理

2000 多年前，阿基米德曾说："给我一个支点，我就能撬动地球。"近两年兴起的分级基金杠杆份额正是对阿基米德杠杆理论的出色演绎。

分级基金又叫"结构型基金"，是指在一种投资组合下，通过对基金收益或净资产的分解形成两级或多级风险收益表现有一定差异的基金品种。它的主要特点是将基金收益和风险进行分割与划分，分为低风险和高风险两部分，适合不同风险收益偏好的投资者参与。

分级基金各个子基金的净值与占比的乘积之和等于母基金的净值。如果母基金不进行拆分，其本身就是一个普通的基金。

我们来看一个小故事了解一下分级基金原理。某基金公司发了一个股票型产品，动员老张和小李来买，老张年纪比较大，求稳，他觉得股票型基金风险太大，熊市会亏钱的，他不愿意亏钱。小李觉得股票型基金收益太低，说宁愿去玩期货，因为他年经，能够承担风险，所以两人都不愿意买。基金公司说："这样吧，我把你们两个组合在一块儿，做一个分级产品，这个基金分两块，一块叫 A 端，一块叫 B 端。如果选择 A 端，我保你每年 10%收益，不管熊市还是牛市，然后超过 10%的部分全部给 B。"两人都愿意接受，于是做了一个分级基金产品：老张花 100 万元买 A 端，一年 10%的收益，小李买了 50 万元的 B 端，这样凑成了一个 150 万元的产品，然后基金公司拿这 150 万元去买指数。我们看一下在不同的走势下，老张和小李的收益分别是多少？

第一种情况：假定指数涨了 40%。一年之后，基金公司当初投资的指数上涨 40%，150 万元变成了 210 万元。基金公司分给老张 10 万元的固定收益和本金 100 万元，小李则得到了 210 万元减掉老李的 110 万元所余下的 100 万元，而当初小李的投入是 50 万元，那么小李的收益率是（100-50）/50=100%，分级基金将 40%的利益放大到了 100%。

我们可以看出，小李最终获得超过 100%的收益根本原因在于分级基金的杠杆，多赚的部分全部给了 B 端，这就是分级基金 B 端的好处，老李获得了稳定的 10%的收益。当然不能光讲赚钱，如果亏钱呢？

第二种情况：假定指数跌了 20%。一年之后，基金公司当初投资的指数下跌 20%，150 万元变成了 120 万元。根据合同约定，到期后，基金公司依然要给老张 10 万元的固定收益和本金 100 万元，剩下给小李的就只有 10 万元了。小李的亏损率为（50-10）/50=80%。分级基金将 20%的亏损放大到了 80%。

从这个案例可以看出，跌的时候小李亏得也会很多，因为他不但要承担亏钱的风险，还要把自己本金中的一部分拿来补 A 端。所以这就是分级基金的杠杆作用：涨的时候助涨，跌的时候也助跌，因此它的风险和收益都偏大。

分级基金的 B 端特别适合一些风险偏好型的投资者，而 A 端适合像老张这样厌恶风险的投资者，所以分级基金将两类投资者合并在一起，获得了不同风险偏好投资者的认可。

## 分级基金 A 端

现在我们来看看 A 股市场上主要分级基金的运作情况。从目前公开的资料来看，A 股市场主要的分级基金 A 端的收益基本都是一年定存再加一个 3.5。其中股票型和债券型分级基金略有一些不同，股票型的 A 端收益要高一点，债券型的 A 端收益要低一点。原理很简单，因为股票型的分级基金 A 端从原理上讲还是有一点点风险，而债券型的基本上是没有风险的。表 6 是 2013 年前十个月主要的分级基金 A 端的收益率情况。

表 6　2013 年前十个月主要的分级基金 A 端的收益率

| 代码 | 名称 | 前 10 个月收益率 |
|---|---|---|
| 165511.OF | 信诚中证 500 分级 | 7.94% |
| 161812.OF | 银华深证 100 | 6.79% |
| 164809.OF | 工银瑞信中证 500 | 6.17% |
| 161819.OF | 银华中证内地资源主题 | 6.03% |
| 162714.OF | 广发深证 100 分级 | 6.02% |
| 163209.OF | 诺安中证创业成长 | 5.99% |
| 162510.OF | 国联安双力中小板 | 5.94% |
| 162216.OF | 泰达宏利中证 500 | 5.83% |
| 161118.OF | 易方达中小板指数 | 5.77% |
| 163111.OF | 申万菱信中小板 | 5.76% |
| 160809.OF | 长盛同辉深证 100 等权 | 5.74% |
| 162107.OF | 金鹰中证 500 | 5.67% |
| 160806.OF | 长盛同庆中证 800 | 5.67% |

续表

| 代码 | 名称 | 前 10 个月收益率 |
|---|---|---|
| 160808.OF | 长盛同瑞中证 200 | 5.62% |
| 161715.OF | 招商中证大宗商品 | 5.61% |
| 161910.OF | 万家中证创业成长 | 5.5% |
| 162010.OF | 长城久兆中小板 300 | 5.34% |
| 164811.OF | 工银瑞信深证 100 | 5.34% |
| 160417.OF | 华安沪深 300 | 5.32% |

从上表可以看出，2013 年主要的股票型分级基金的 A 端前十个月收益率平均超过 5%，折算成年化收益率都在 6%以上，其中最好的是信诚 500 分级基金，其 A 端的收益率已经超过了 8%，年化收益率将近 10%。A 端的整体收益率基本上很稳定，所以是熊市中一个非常好的选择。

根据相关券商的研究报告表明：过去几年，分级基金 A 端确保了一年有 6%～7%的收益率，远远超过了定期存款的收益率，也超过了很多银行理财产品。这里银行理财产品的收益率是年化收益率，并不是年收益率分级基金只要一直持有，基本上是可以做到这样程度的收益率，所以分级基金 A 端是熊市中非常好的选择。

除此之外，分级基金 A 端在某些特殊场合还会有超额收益，比如当大盘跌得很惨的时候，很多人会恐慌性抛售。当股票、基金被恐慌性抛售时，作为稳健收益的分级基金的 A 端有可能也会遭遇抛售。

在市场极度恐慌的时候，投资者常会疯狂抛售手中的产品，分级基金 A 端也常常遭遇被错杀的命运。如图 8 所示，2011 年 9 月底，在股市的连续抛压下，双禧 A 也遭到恐慌性抛售，跌破 0.8 元。我认为这样的错杀实际隐含着较大的超额收益机会。若在 0.8 元时买入双禧 A 并持有，截止到近期，净值回升到 1.16 元左右，两年的总收益超过了 45%。

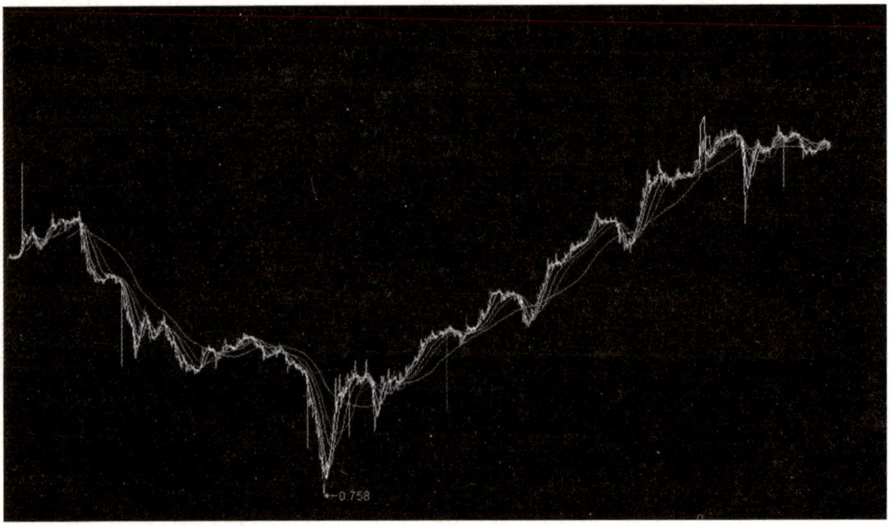


图 8　双禧 A 的走势

分级基金 A 的下跌跟股票下跌不太一样，股票跌可能有基于经营的原因、行业原因，但是分级基金 A 端由于有 B 端做保证，它的下跌纯粹是一种非理性的恐慌性抛售。所以一旦有这样的机会出现，大胆买入，等到市场平复后，价格还是会回归理性。这种机会往往过几年都会有一次，所以在大盘跌得很恐慌时，A 端会是个非常好的稳定收益的品种。

普通投资者如何参与到分级基金呢？分级基金的交易和股票一样，在股票账户中只要开通基金账户就可以买卖。获得 A 端有两种方式：第一，在二级市场买入，就和买股票一样；第二，在一级市场申购整个分级基金，申购完后将 B 端抛掉，剩下 A 端。那些想要 B 端的，申购之后将 A 端抛掉也是一样的。退出的操作和普通股票的操作基本上没有太大区别。所以对于一些风险厌恶型的投资者来讲，分级基金 A 端是个非常好的选择。

## 分级基金 B 端

如果牛市来了怎么办呢？很多人会有这样的问题：指数狂涨，但是自己的股票就是不涨，赚了指数不赚钱。因为很多时候，市场是一种结构性的牛市。比如 2010 年股市反弹的时候，指数涨了很多，但是大部分股票都没有跑赢指数。在这种情况下，分级基金的 B 端就是一个最佳标的。因为杠杆效应，B 端一般会大幅度超越对应的指数。所以当你看好牛市或者看好某一个板块指数时，选择它所对应的分级基金 B 端是最好的选择。表 7 显示了 2013 年主要分级基金 B 端的收益情况。

表 7　2013 年主要分级基金 B 端的收益

| 代码 | 名称 | 前 10 个月收益率 |
|---|---|---|
| 163406.OF | 兴全合润分级 | 56% |
| 166011.OF | 中欧盛世成长分级 | 50.71% |
| 161818.OF | 银华消费主题分级 | 31.21% |
| 162510.OF | 国联安双力中小板 | 29.76% |
| 163209.OF | 诺安中证创业成长 | 28.77% |
| 163111.OF | 申万菱信中小板 | 27.44% |
| 165511.OF | 信诚中证 500 分级 | 27.4% |
| 162010.OF | 长城久兆中小板 300 | 26.21% |
| 161118.OF | 易方达中小板指数 | 23.795% |

从表 7 可以看出，2013 年跑得比较好的几个分级基金 B 端收益非常抢眼。读者朋友可能会问，今年中小板跑得也很好，我买中小指数不也一样吗？我们再来看一个中小板指数和它对应的分级基金的表现情况，如表 8 所示。

表 8 分级基金与对应指数的收益对比

| 代码 | 名称 | 前 10 个月收益率 |
|---|---|---|
| 165511.OF | 信诚中证 500 分级 | 27.4% |
| 000905 | 中证 500 指数 | 14.2% |
| 162510.OF | 国联安双力中小板 | 29.76% |
| 399005 | 中小板指数 | 16.3% |

表 8 显示信诚中证 500 分级基金的 B 端在 2013 年前十个月获得了超

过 27%的收益，对应的中证 500 指数只有 14%，分级基金的 B 端大幅度超越它所对应的指数。如果看好今年的中证 500，与其在中证 500 里找股票，不如直接买 B 端，因为你很难保证买到的股票一定会超越中证 500 指数。国联安中小板分级基金的 B 端 2013 年前十个月获得超过 29%的收益率，对应的中小板指数的收益率远远小于这个数。

综上所述，分级基金的 B 端在杠杆的作用下会大幅度超越它对应的指数，所以如果看好指数，买分级基金 B 端可以在很大的概率上避开赚了指数不赚钱的情况。

当然分级基金的 B 端的杠杆也是把双刃剑，涨的时候是很快，跌的时候也会很惨，表 9 显示了 2013 年表现最差的分级基金 B 端的收益情况。

表 9　2013 年表现最差的分级基金 B 端收益

| 代码 | 名称 | 前 10 个月收益率 |
|---|---|---|
| 160620.OF | 鹏华中证 A 股资源产业 | −64% |
| 161819.OF | 银华中证内地资源主题 | −61% |
| 163109.OF | 申万菱信深证成指分级 | −49% |
| 161715.OF | 招商中证大宗商品 | −42% |
| 161014.OF | 富国汇利回报分级 | −23% |
| 161816.OF | 银华中证等权重 90 | −22% |
| 162509.OF | 国联安双禧中证 100 | −19% |
| 161812.OF | 银华深证 100 | −14% |
| 160417.OF | 华安沪深 300 | −13% |
| 166802.OF | 浙商沪深 300 | −12% |

可以看出，表现差的分级基金的 B 端收益远远弱于它所对应的指数，原因就在于它不但要亏损对应的指数的钱，还要为 A 端支付一个额外的成本。

表 10 是双禧中证 100 指数 B 端和对应的中证指数的收益表现情况，中证 100 指数下跌了 10%左右，对应的分级基金 B 端亏了将近 20%。所以 B 端是把双刃剑，助涨也助跌，你如果是一个风险厌恶型的投资者，不适合投资 B 端，如果想赌一下，小赌怡情，玩玩这个还是蛮好的选择。所以大家一定要注意分级基金 B 端的风险要比一般的指数和股票要大很多。

表 10 双玺中证 100 指数 B 端和对应的中证指数收益表现

| 代码 | 名称 | 前 10 个月收益率 |
| --- | --- | --- |
| 162509.OF | 国联安双禧中证 100 | –19% |
| 000903 | 中证 100 指数 | –10% |

由此可见，分级基金 B 端是天使和魔鬼集于一体的化身。2013 年，投资风格偏向创业板及中小板的分级股 B 业绩表现极度耀眼，成为一大亮点。其中申万菱信中小板 B、易方达中小板指数 B 等六只基金上半年度涨幅超过 40%。

然而 B 端分级基金是把双刃剑，在持续的熊市中，不占优势的 B 端分级基金并不是赚钱的万灵药，甚至会是亏本的毒药。目前分级基金面临的一个严峻问题是产品结构单一，只能在上涨中获利，B 份额吸引力下降。受大宗商品、资源类板块大幅下挫的影响，跟踪资源商品类的杠杆股 B 二级市场价格逆市下跌。因此，面对 B 端分级基金，投资需谨慎，看清方向才是真。

分级基金操作成功的关键在于对指数的判断，如果看好牛市，那就大胆去买分级基金 B；如果不看好，那么就去买分级基金 A。熊市买分级基金 A 端，牛市买分级基金 B 端，这是分级基金投资的秘诀。需要注意分级基金 B 端不可重仓去赌，用小资金做一个配置，做一个收益增强是非常好的选择。

真实产品中的分级基金杠杆并不是固定的，一开始是固定杠杆，但是随着指数涨跌，杠杆也会变化。继续以老张和小李为例，当小李的钱逐步亏损，最后亏得只剩几万块钱的时候，由于它的杠杆特别大，只要稍稍有一个小反弹，那么中间的收益就会一下子把小张之前的损失补上去。越接近于成本价的时候杠杆越大，越往上时杠杆就越小。

## 分级基金套利

分级基金除了是一个很好的赌方向工具之外，还可以进行套利操作。由于它在一级市场可以申购赎回，在二级市场可以买入卖出，产生了一个一级、二级市场之间的套利机会。套利主要分为两种：折价套利和溢价套利。

我们先看第一种：折价套利。当二级市场的价格低于一级市场时，可以在二级市场进行买入、合并，然后到一级市场赎回，同时为了化解大盘的风险，还需要对冲一下股指期货。图 9 是该折价套利的操作流程。

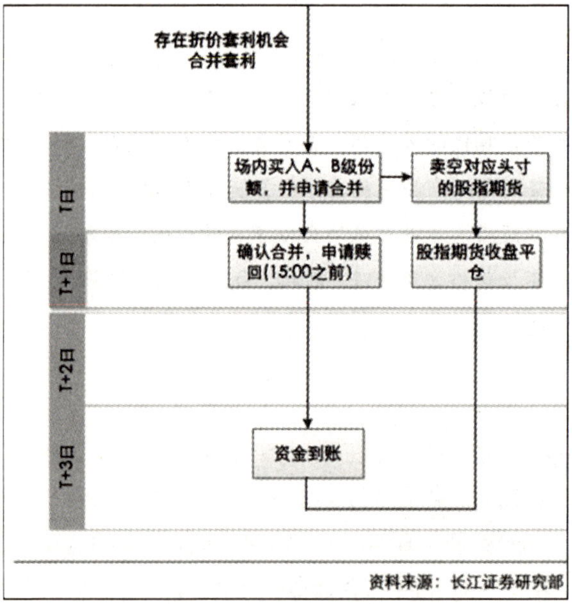


图 9　分级基金折价套利操作流程

之所以一定要对冲股指期货是因为买入合并之后，需要 T+3 日此操作才能完成，这 3 天内如果大盘下跌的话，投资者就只能承受损失，所以需要对冲一下股指期货来锁定市场下行风险。T+3 日赎回后就可以进行双向平仓操作，白白赚取无风险套利的收益。

第二种套利方式：溢价套利。当二级市场的价格低于一级市场时，可以在一级市场进行申购赎回，然后拆分到二级市场卖出。图 10 是分级基金溢价套利的操作流程。同样的，为了化解市场风险，依然要用股指期货对冲，3 日后整个操作完成。

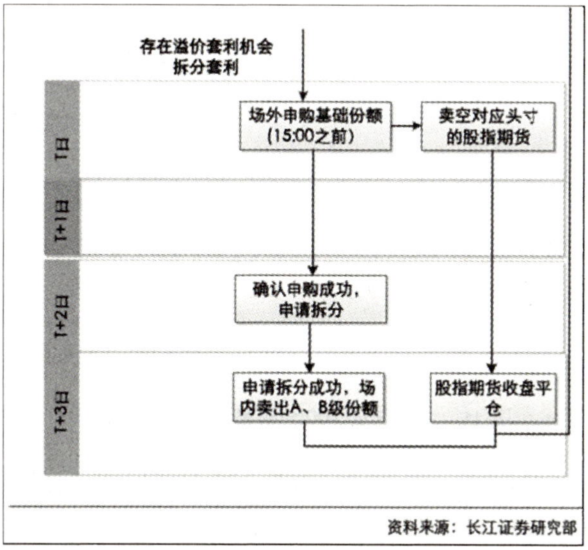


图 10　分级基金溢价套利操作流程

以上两种就是分级基金机制设计中给投资者提供的套利方式。那这种套利大概能赚多少钱呢？我们来看一份长江证券的研究报告的结论。

这个研究报告中的操作标的是银华深证 100 分级基金指数，通过来回套利之后，一年半左右的时间内获得了年化将近 14%的收益率。从图 11 中的曲线可以看出整个收益率相当平稳。这个收益率不算高，但是作为一个近乎于无风险操作的投资收益来讲，14%已经相当可观。分级基金套利从原理上讲，只要交易速度足够快，控制好冲击成本和交易成本，基本上不会亏钱。目前已经有很多私募基金通过基金专户和基金子公司的方式发行这种类型的产品，从最近两年的表现来看，收益相当稳健，也很受投资者欢迎。

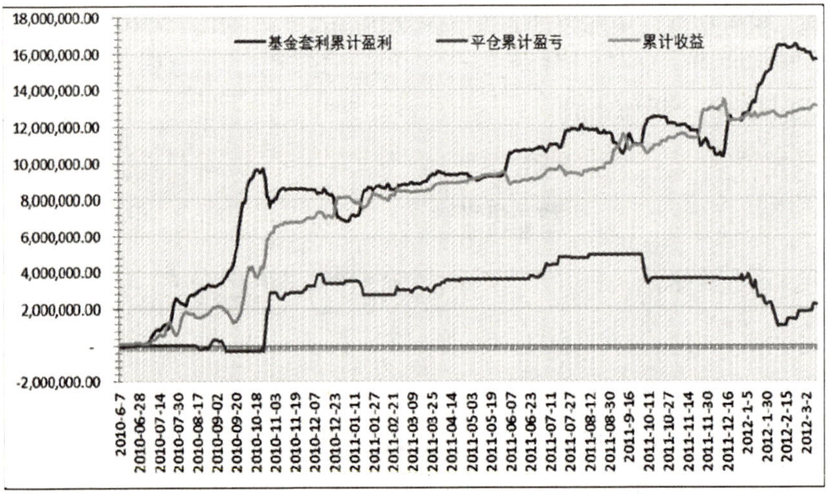


资料来源：长江证券研究部

**图 11　银华深证 100 分级基金套利收益情况**

前面介绍了分级基金的 A 端和 B 端，这是最传统的分级基金：A 端保固定收益，B 端博更高的收益，本质上相当于融资炒股，其实就是 B 端向 A 端借钱去炒股，但跟券商的融资又不太一样。首先，券商融资的费率比较高，一般都在 8%或 9%以上；其次，融资买的股票有限制。如果通过分级基金 A 端去做的话会相当简单，其实就是融资买指数，这是传统的分级基金，未来可能还有一种更好玩的分级基金叫多空分级基金。

## 多空分级基金

多空分级基金是 2013 年基金产品创新的一大亮点。然而，自 2014 年 2 月 4 日中欧基金首只多空分级基金上报至今已超 10 个月，仍未拿到批文。自从中欧基金上报首只沪深 300 指数多空分级基金之后，中海、国泰等公司也先后上报了多空分级基金，目前上报的此类基金已多达 19 只之多。

根据过往监管层审核新基金的过程来看，一般均会在 6 个月内给出决定发行与否的结论，业内人士表示多空基金“超时”未获批的现象极为少见。目前来看，政策和法律不是障碍，市场对于多空产品也有了一定的认知。迟迟拿不到批文主要是卡在监管层，光大事件之后，证监会对于创新基金产品的审批变得更加谨慎。

多空分级基金到底是什么？传统的分级基金是 B 端向 A 端借钱， A 端的收益是稳定的，而 B 端收益是可变的，可能赚也可能亏。多空分级基金相当于 A 端和 B 端对赌，如果大盘涨了，A 端把钱给 B 端，如果大盘跌了，B 端把钱给 A 端，它实际上完成了股指期货的功能，等同于迷你版的股指期货。

现在股指期货的购买门槛为 50 万元，如果多空分级基金出来，可能几千块钱就可以玩，那时候散户的做空工具将会有很大的发展。截止到 2013 年底，做空工具只有股指期货和融券这两种，沪深 300 期指要 50 万元门槛，而融券市场又极度不活跃，很难融到相应的证券。但多空分级基金出来后，可能整个交易量都会大很多，因为国内投资者的赌性还是比较强的，所以我也比较看好这种基金产品，它将会是个很好玩的多空对赌工具。

分级基金基本原理是将不同风险偏好的投资者整合在一起，风险厌恶型的就买 A 端，风险偏好型买 B 端，这也是分级基金推出之后得到非常大的发展的一个重要原因。相信未来随着越来越多的分级基金产品出现，投资者将会有更多选择。

# 对冲基金大鳄来袭：福兮还是祸兮

本节以上海虹口对冲基金园区成立为话题开始，介绍海外对冲基金的原理、组织方式，并重点介绍了对冲基金大鳄对金融市场的冲击，如索罗斯打败英格兰银行，保尔森做空美国次级债，这些大鳄对经济造成了巨大的冲击的同时也赚取了大量的收益。

## 对冲基金介绍

上海对冲基金园区于2013年10月18日在虹口北外滩正式开园。上海市委常委、常务副市长、市政府党组副书记屠光绍为上海对冲基金园区揭牌。12家对冲基金机构负责人从有关部门领导手中接过首批入驻园区企业铭牌，标志着上海对冲基金园区正式投入运作，同时也意味着我国对冲基金发展进入了一个新的阶段。这是国内官方第一次认可对冲基金这种业务模式。

路透上海曾报导称，随着上海合格境内有限合伙人制度（QDLP）低调面世，首批试点的境外对冲基金悄然浮出水面，包括全球第二大对冲基金英仕曼（Man Group）、美国橡树资本等六家基金共计获批3亿美元QDLP额度。除上述两家对冲基金外，还包括全球最大的期货管理对冲基金元盛资本管理（Winton Capital Management）、城堡投资（Citadel）、奥氏资本（Och-Ziff）与Canyon Partners，每家对冲基金公司分获5000

万美元额度。

2013 年 12 月 13 日至 14 日，由上海市虹口区特别支持、私募排排网主办的“第二届中国对冲基金年会”在上海举行，超过 100 家对冲基金机构、1000 多业内人士参加了此次高峰会议。会上根据融智中国对冲基金数据库统计，截止 2013 年 8 月 31 日，共有 5657 只对冲基金产品，其中正在运行的产品有 4104 只，总管理规模超过 1000 亿，对冲基金已是国内证券市场不可忽视的重要力量。

我们先来看一下对冲基金经理的收入情况，如表 11 所示，2013 年最顶部的索罗斯收入 40 亿美元，排名第二的大卫・泰伯是 35 亿美元，这是个人收入，不是公司收入。

表 11　2013 年福布斯对冲基金经理收入排行榜（单位：亿美元）

| 排名 | 名　字 | 收入情况 | 所属公司 |
| --- | --- | --- | --- |
| 1 | 索罗斯 | 40 | 索罗斯基金管理公司 |
| 2 | 大卫・泰伯 | 35 | 阿帕鲁萨资产管理公司 |
| 3 | 斯蒂夫・科恩 | 23 | SAC 资本公司 |
| 4 | 约翰・保尔森 | 19 | 保尔森公司 |
| 5 | 卡尔・伊坎 | 17 | 伊坎资本管理公司 |
| 6 | 詹姆斯・西蒙斯 | 11 | 文艺复兴科技公司 |
| 7 | 雷伊・达里奥 | 9 | 桥水投资公司 |
| 8 | 肯・格里芬 | 9 | 西铁德尔有限公司 |
| 9 | 拉里・罗宾斯 | 7.5 | 格伦维尤资本管理公司 |
| 10 | 莱昂・库伯曼 | 7.3 | 欧米茄顾问公司 |

海外最顶尖的大投行，高盛、美林、五百强企业的董事长、CEO 都不可能拿到这样的收入，能有几千万美元的收入已经很厉害了，不过跟那些对冲基金经理相比就不是一个档次了。可以说，对冲基金经理是目前全球

资本市场中收入最顶尖的一批人。根据相关资料显示，截止到 2013 年，美国对冲基金经理平均收入为 33 万美元，而大型对冲基金的组合经理平均年薪高达 220 万美元，而这只是一般对冲基金经理的收入水平，跟上面最顶尖的收入差距还很远。

大家可能会非常好奇，这帮家伙到底是干什么的？他们确实是一群天才，很多人有数学、物理、计算机的背景，一般都有博士学位，有的甚至拿过诺贝尔奖，可以说全世界最聪明的人都去做对冲基金了，为什么？因为这个职业确实太赚钱了。

对冲基金就是采用对冲手段交易的基金，也称避险基金或套利基金。卖空、互换交易、现货与期货的对冲、基础证券与衍生证券对冲，这些普通投资者鲜有耳闻的技法都是对冲基金常用的手段。

最初的对冲是为了化解市场下跌的风险，但随着时间的推移，对冲基金早已失去风险对冲的内涵，相反的，现在人们普遍认为对冲基金实际是基于最新的投资理论和极其复杂的金融市场操作技巧，充分利用各种金融衍生产品的杠杆效用，承担高风险、追求高收益的投资模式。

但那些在对冲大潮里发生的血淋淋的案例，不禁让人担忧：如果对冲大鳄们真的来了，中国经济是否会受到意想不到的冲击？对冲基金真的那么可怕吗？

根据美国证监会的标准，对冲基金一般分为三大类型，第一个叫做相对价值，第二个叫做宏观因素，第三个叫做事件驱动。

相对价值套利策略型基金的主要思路就是对冲套利，它有点像草原上的大象，虽然体积庞大，但是性格温和，一般不会对金融市场发动攻击。比如全球最大对冲基金 BridgeWater，规模紧随随后的英仕曼、贝莱德等都属于这种类型，规模非常大，只是寻找市场的一些间隙获取收益。

事件驱动套利策略型基金主要是寻找事件性的盈利机会，比如定向增发。现在国内有很多的定向增发产品，打新股的产品可以被认为是事件驱动类型。困境证券策略型是比如某一公司经济困难，债券股票发不出去，那对冲基金可以帮忙发，但是该公司要给出非常好的折扣，等市场恢复后，对冲基金从中可以赚取丰厚的收益。这种对冲基金灵活小巧，对整个市场的冲击力不大。

最凶狠的一类对冲基金叫宏观因素对冲基金，最著名的人物就是我们耳熟能详的索罗斯，当年他一战成名之作就是打败英格兰银行。

## 索罗斯：打败英格兰银行

索罗斯对英格兰银行发动攻击的时候，基于如下经济学逻辑：

（1）货币贬值—有利国内经济—股价上涨；

（2）利率下调—债券升值。

我们先来看第一个逻辑。一个国家跟外国做商品交换的时候，要想让自己的产品在国外销路好，就必须尽可能便宜。也就是说要将自己国内的货币进行贬值，这样才能使自己的产品有市场竞争力。中国过去三十年的经济发展主要就是靠货币贬值再加上全球化带来的贸易便利性。不断贬值之后，卖到国外的商品会比它本国的商品便宜，这样会产生很多的需求，这时候国内的经济一片红火。工厂的开工率高了，工人有工资拿，整个公司的业绩会上升，促使股价上涨。

第二个逻辑是利率下调带来债券升值，这是什么原理呢？因为市场利率跟债券价格之间是一个跷跷板的关系，如果存在银行的利率很高，毫无疑问，大家都会把钱存在银行；当银行利率很低的时候，将钱存在银行没有意义，投资者就会买债券。所以利率下调，债券是升值的，利率如果上调，债券是贬值的。

20 世纪 90 年代，索罗斯就判断英国汇率有问题。当时英国经济已经比较疲软，但是汇率却在一个非常高的位置上，索罗斯认为英国的经济不足以支持这么高的汇率，应该贬值。但是大英帝国这种传统的帝国思维仍旧存在，觉得贬值代表我不行，因此就死挺着不肯贬。英镑肯定撑不住，这时候应该怎么做？当时英国经济不行，德国经济不断上升，所以应该是做空英镑，做多德国马克，索罗斯开始了他的豪赌。这个赌局中他做空了 70 亿美元的英镑，同时买入 60 亿美元的马克。当然具体操作中运用了很多杠杆，细节就不说了。

既然判断英国英镑会贬值，英国的股市应该会涨，于是他又买了价值 5 亿美元的英国股票。同样的，既然英镑要贬值，那么德国马克应该是升值的，德国马克升值就意味着德国的股票要跌，他又卖出了相应的德国股票。做好一切之后，等待一个绝佳的时机，准备发起攻击。到了 1992 年的 9 月中旬，危机终于爆发。当时市场上到处流传着意大利里拉即将崩溃的谣言，里拉的抛盘大量涌出。9 月 13 日的时候，意大利里拉一天之内贬值 7%。对于一个国家货币而言，股票跌 7%是很严重的，而对于一个国家而言，跌 7%也是非常了不得的。这时候索罗斯发现最好的机会终于来了，于是他果断出击。

1992 年 9 月 15 日，一场巨大的风暴正向英国的外汇市场席卷而来。英镑汇率的下跌，使其与马克的比价冲破了最后一道防线，达到 1 英镑比 2.78 马克。次日凌晨，在一切机关用尽之后，英国政府决定放手一搏，在一天之内连续两次上调银行利率，由 10%提升至 15%，尽管做了最大的努力，但却已无力缓解英镑下跌之势。16 日晚上，英国最终决定退出欧洲汇率体系，并将利率下调至 12%。次日，又降回原先的 10%。据英国财政部于 1997 年的估计，英国为此付出了 34 亿美元的代价。这一天，被人们称为“黑色星期三”。

在这场过程中英格兰的央行是最大的输家，既丢面子，又丢里子，仅有的外汇储备被消耗殆尽，最终也没能挡住英镑的贬值。索罗斯是这场游戏中的最大赢家，他在空头交易中获利将近十亿美元，而在英国、法国和德国的利率期货上的多头和意大利里拉上的空头让他又赚了十亿美元，总利润高达二十亿美元。索罗斯在此之前只能说小有名气，但是这一次他一战成名，被誉为“打败英格兰银行的人”。

从这个案例可以看出，以索罗斯为代表的这种宏观因素策略型基金像狮子那样凶猛。实际上索罗斯只是一个代表，当时做空英镑的时候，他是一只领头狮子，后来有一大批跟他一样做宏观类型对冲基金的，形成了狮群攻击，英格兰银行岂能抵挡?

1997 年亚洲金融危机又是索罗斯这批人做出的，不过后来他们在香港市场遭遇了失败。第一个原因是因为香港市场当时有大陆做后盾，有源源不断的资金支持，能够帮助香港对抗索罗斯。第二个原因是香港联交所改变游戏规则，禁止做空。相当于你到赌场的时候，赌场老板说牌重新算，本来 S 是比老 K 大的，现在 S 比老 K 小，那这样他就没戏了。虽然索罗斯在香港市场亏了将近十亿美元，但是我们并不能认为他做错了，很多规则以外的事情不是他能左右的。总而言之，索罗斯是这种宏观类型对冲基金的鼻祖级人物，代表了一个时代。

## 保尔森：做空美国

索罗斯之后还有一个宏观因素策略的代表人物，他的猎杀对象更大，是美国，他叫保尔森。

2005 年的时候，美国经济一片繁荣，企业开工很好，房价在一路上涨，所有人都认为房价不会跌，于是大量没有能力买房的人也去买房子了。但没有钱怎么办呢？可以找银行贷款。一般来说，信用比较好的人找银行贷款，大概只需要 3%或 4%左右的利率；信用不好的人，特别是穷人买房，可能还不起钱，对于这种客户，银行的贷款利率就要高一点，这叫次级债。

所有债券中信用等级最高的是国债，有国家信用做支撑，国家因为有印钞权，有税收收入，一般不会不还，所以国债的信用最高。其次是金融债，比如一些大的银行、大的金融机构发行的债券，其信誉度和还款能力也是很强的，属于等级高的债券，基本上都是AAA。债券中有个评级，从AAA级到BBB一共分6个等级。一般来说，评级在A以下的属于低等级债券，在学术上有一个专有名词叫垃圾债。这些债券的发行人往往是一些小企业，它们的还款能力很差。

保尔森通过长期数据分析，认为美国的房价很难继续支撑。当那些没有能力买房的人被卷入买房大军时，还有什么力量可以支撑房价的继续升高呢？当时出现了很奇怪的形象，有些公司已经进入破产程序，但是它的债券却不断升值，因为市场利率太宽松，很多人拼命去买，这简直是一件太疯狂的事情，保尔森觉得危机一定会爆发。到了2006年的时候，开始慢慢出现问题，最开始出现问题的就是次级债。次级债有一个基础理论假设，就是房价要不断上涨，这样客户可以用浮盈的钱来抵押买更多的东西。但问题是如果房价一旦下跌呢？多重抵押就会出大问题。保尔森决定卖空房地产。

在中国，如果你看空房地产，除了卖掉手头的房子，是没有别的办法做空的，但是美国的金融市场很发达，有很多相应的金融衍生品，其中一个叫CDS，即信贷违约掉期。如果信贷违约的话，CDS一定会涨，就是有人赌你会违约。于是在2006年7月份，保尔森筹了1.5亿美金专门做空次级债。但是刚做的时候很苦，因为当时房地产一片繁荣，看不到一丝下跌的迹象，买入CDS不断赔钱，他只能忍。不过保尔森坚信这样的情况不可能持久，房价不可能涨到天上去。2007年1月，形势终于开始逆转。

2007年4月，美国次级债危机终于开始爆发：

2007年4月4日，新世纪金融公司申请破产保护。

2007年7月16日，华尔街第五大投资银行贝尔斯登关闭了手下的两家对冲基金。2008年3月，美国联邦储备委员会促使摩根大通银行收购了贝尔斯登。

2008年9月7日，美国财政部宣布接管房利美和房地美。

2008年9月15日，美国第四大投资银行雷曼兄弟控股公司申请破产保护。

2008年9月15日，美国银行发表声明表示愿意收购美国第三大投资银行美林公司。

2008年9月16日，美国政府出面接管了AIG。

2008年9月21日，在华尔街的投资银行接二连三地倒下后，美联储宣布：把最后两家投资银行——高盛和摩根士丹利改为商业银行。

至此，历史在2008年9月21日这一天为曾经风光无限的华尔街投资银行画上了一个惊人的句号，“华尔街投资银行”作为一个历史名词消失了。

2008年的金融危机不仅让美国市场震动巨大，几个具有百年历史的大投行也相继倒闭，同样中国的股市也经历了超过60%以上的跌幅，很多人因此遭受了巨额亏损。但这次危机的最大赢家是保尔森，短短两年之内，他的基金从1.5亿变成了280亿，而他个人的资产也增到40亿美金，被誉为华尔街空神。他后来请了前美联储主席格林斯潘做他的投资顾问，索罗斯还专门请保尔森吃饭讨教。当时美国的媒体全篇累牍地报道保尔森：“格林斯潘为他打工，索罗斯向他虚心请教”。2008年他的事业达到了辉煌的顶峰。

他为什么能成功？关键在于美国次级债的过度繁荣，美国华尔街太贪婪了。如果仅仅赌房价涨是没有问题的，但问题是房价上涨之后，把多余的钱拿出来再做抵押，整个杠杆就放得很大，一旦出问题就会死得很惨。

所以杠杆是一个要命的东西，涨的时候助涨，跌的时候助跌。

2012 年，国内也出现类似现象。当时是债券牛市，很多债券基金通过放杠杆的方式增强收益率，也就是赚了钱之后将债券抵押，融来更多的钱继续买债券，从而不断扩大规模。当然，如果整个债券价格上涨的话，这么做是没有问题的。但是一旦市场基础利率水平发生变化，债券的价格就会剧烈波动。债券价格和利率是负相关的关系，利率下跌，债券价格上涨。2012 年，市场利率很低，所以很多债券基金赚了百分之二三十以上，但是到了 2013 年的时候，很多债券基金亏得很惨，有的分级债基甚至亏了 50% 以上，就是因为整个市场基础利率上行，债券下跌。而一旦债券基金放了杠杆，风险会非常巨大。我们有很多的信托产品，很多的城投债，这些都是跟房地产挂钩的。如果房地产一直上涨的话，自然没有问题，但如果房地产下跌呢？恐怕会对中国经济产生巨大影响。从保尔森做空美国的案例中，我们需要吸取很多的经验和教训。

## 对冲基金低调来华

十几年前，对冲基金圈是一个相对封闭狭窄的圈子，大家做的几乎都是熟人之间的业务，信任程度很高，有时不需要签合同就把生意做了，有时仅仅是上午握个手，下午就把数百万美元打到了对方的账户上。但恰恰是这种荒诞的神秘，成为对冲基金最本质的赢利特点。近年来随着中国金融及资本市场不断多元化及国际化，国际资本经验丰富的海外对冲基金也盯上了中国这块蛋糕。不少海外对冲基金或在海外有过对冲基金管理和投资经历的人准备尝试或已进驻中国。

2011 年，全球第二大对冲基金管理公司英仕曼集团（Man Group）聘请中国最成功的女性经营者李亦非出任其中国区主席，全力打开中国市场；2012 年底，世界上规模最大的对冲基金桥水联合基金（Bridgewater Associates）在上海低调成立代表处；2013 年 1 月，世界上最伟大的对冲经理之一詹姆斯·西蒙斯掌管的文艺复兴科技公司（Renaissance Technologies）及旗下多家关联子公司分别在北京、上海成立了代表处。此外，“沽神”约翰·保尔森的保尔森基金（Paulson Co.）已在北京金融街及上海陆家嘴分别设立了代表处。

这些只是全球对冲基金大军的冰山一角。中国这个美味十足的大蛋糕，究竟能吸引到多少大鳄？这恐怕只是时间问题。

国外对冲基金为什么要进入中国呢？毫无疑问，中国的机会太多了。我们来看一组数据，如图 12 所示。截止到 2013 年 9 月 30 日的前九个月，亚洲对冲基金的净流入是 144 亿美元，整个行业的资产管理规模已经达到了 1408 亿美元，亚洲对冲基金规模比过去五年内任何一年的都要多。为什么？因为它整体的收益率是很高的，亚洲是一个新兴地区，其范围内的交易对手相对弱势。欧洲、美国的对冲基金经理都已经非常厉害，他们的数据和交易系统都是顶尖的，亚洲还是发展中的市场，大多数都是传统的基金经理，他们的交易能力和分析能力和欧美顶尖对冲基金经理相比差距相当大。这些海外对冲基金进入中国，有点像当年哥伦布进入美洲大陆一样。

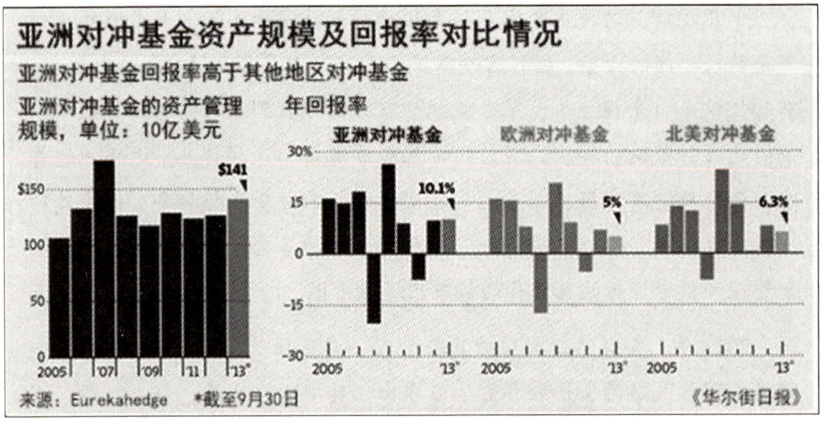


图 12　2013 年亚洲对冲基金资产规模及回报率对比

数据提供商 Eurekahedge Pte.给出的数据显示，截至 2013 年 9 月 30 日的九个月，亚洲对冲基金净流入资金 144 亿美元，全行业管理的资产总额达 1408 亿美元。亚洲对冲基金的规模比过去五年中的任何一年都要接近 2007 年触及的峰值 1760 亿美元，这反映出亚洲对冲基金经理的信心不断增强以及亚洲经济的增长（增速仍远高于全球其他地区）。不过，相比北美和欧洲，亚洲对冲基金的规模依然很小。

总体来看，2013 年前九个月，亚洲对冲基金行业的回报率为 10.1%，超过了欧洲的 5.0%和北美的 6.3%。自金融危机以来，亚洲对冲基金的回报率较欧洲同行高出 13.7%。Eurekahedge 的资深分析师 Farhan A. Mumtaz 表示，全球投资者的风险承受意愿已经增强，过去 12 个月中，亚洲对冲基金的业绩表现尤其强劲。

正是由于亚洲尤其是中国的收益空间巨大，使得很多海外对冲基金纷至沓来。中国现在逐步进入对冲时代，金融产品种类增多，有沪深 300 指数期货、国债期货、债券期权、指数期权、利率衍生品等。

中国市场是一个散户为主导的市场，有效性远远低于成熟市场，可以操作的空间非常大。这些海外对冲基金高手自然要到有更大市场空间的地方去猎杀。

未来几年，海外对冲基金进入中国是一个不可阻挡的趋势，中国经济也正在逐步走向全球化，利率正在市场化，虽然银行不愿意，但是以余额宝为代表的这些机构逼着银行利率市场化。在人民币国际化的进程中，将来资本市场肯定要全部开放，那时候中国经济将会彻底融入全球，可以想象的是，海外对冲基金进入中国后，首先会猎杀一些低效的公司。美国一家很著名的公司叫浑水公司，专门在美国市场上猎杀中国概念股，赚了很多钱。美国市场中的中概股份额很少，才一两百只。中国市场的股票数千只之多，特别是 IPO 注册制实施后，可能一年都会上一两千只股票。因此未来会有很多公司被逼着退市，这就给了海外对冲基金提供很多的猎杀机会。

从宏观经济来说，中国目前有一个很大的问题就是房价泡沫问题。当年索罗斯打败英格兰银行是因为英国的宏观经济问题，保尔森做空美国是美国的房价出问题，目前中国一样面临这样的问题。过去几年，大量的资金进入房市，大多数行业本质上都是赚房子的钱。房地产公司去贷款，银行赚一笔；个人买房按揭，银行再赚一笔，但是这些业务都基于一个假设：房价不断上涨。如果房价一旦下跌，很多投资房子的人可能会短供，或者干脆不要房子了，丢给银行，银行就只能拍卖回款，从而造成房价的雪崩式下跌，银行也会出现大量坏账。2013 年开始，鄂尔多斯、温州都开始出现这种迹象，银行成了最后的房东，出现坏账的时候，要么通过自己的利润去扛，要么通过央行印钞票的方式，银行如果出问题，对中国经济的伤害会非常大。

2013 年 9 月 4 日，融创以 21 亿的总价，加异地建 27.8 万平米医院的出价夺得北京农展馆地块，折合楼面价 73 099 元/平米，成为北京新单价地王。按照 7.3 万元/平米的楼面价计算，融创农展馆项目未来的售价将在 15 万元/平米左右。

一份来自清华大学的学术报告《中国地方政府债务问题研究》称，中国地方政府的债务总额目前应在 19.41 万亿元左右。对各种融资成本的保守估算，每年需要的利息开支接近 1 万亿元。报告推算得出地方政府的最大偿债能力约 76.5 万亿元。地方政府的资产负债率约为 25.4%，这个会是中国版的次级债吗？

中国现在的游戏规则是这样，地方政府把地卖掉，让地产商盖房子，盖了房子之后赚了钱再还银行贷款。这个游戏的成功基于一个假设：房价得涨。房价不断上涨，政府才会有卖地的钱去搞各种建设，如果房子卖不掉的话，会出现大问题。

过去几年很多专家、学者一直都在讨论这个问题，通过清华大学的报告可以看出，地方债的规模占比非常高，当然很多人说中国的还债模式不一样，因为中国可以通过央行印钞票还。但是2013年的几次钱荒让大家明白，中央政府以后可能不会再给地方政府做信用背书，因为地方政府以前欠的钱实际上是央行印了钞票来还的，这样会带来严重的通货膨胀，从而造成贫富差距越来越大。央行的放水最先会流到那些有钱人或者权贵手中，而底层老百姓永远是被隔离在利益之外的。从新一届政府的治国思路可以看出，国家不会再让央行放更多的水，这也就是为什么2013年钱荒这么严重的原因，这很可能就是中国次级债出问题的前兆。

英国为什么会被索罗斯攻击？美国为什么会被保尔森攻击？根本原因是经济出了问题。有句话叫苍蝇不叮无缝的蛋，你要是个好蛋，苍蝇肯定不会来，如果中国经济确实是好的，不用担心，就算打开资本市场，对冲基金也不可能怎么样。但正是由于中国经济有太多的问题：环境问题、房地产问题、地方债问题、创新不足、经济运行效率不高，同时还有很多内在问题，这可能成为对冲基金的攻击目标。所以对冲基金到底会不会做空中国，并不取决于对冲基金本身，而是取决于中国经济自身。如果中国的经济没有泡沫，债务可控，贫富差距不大，何惧这些海外金融大鳄呢？打铁还需自身硬，这是经济发展的王道。

# 鸡蛋期货：又一次从 600 万元到 20 亿元的机会吗

期货是金融市场的小众品种，但是期货的高杠杆使得期货市场可能会产生剧烈的波动行情，其中一种行情叫做逼仓。本节阐述了逼仓的原理，并以浓汤野人的传奇故事来说明逼仓行情有可能带来的巨富机会。

期货，英文为 Futures，是由“未来”一词演化而来。其含义是交易双方不必在买卖发生的初期就交收实货，而是共同约定在未来的某一时候交收实货，因此中国人就称其为“期货”。期货实行的是保证金制度，即在进行期货交易时不需要像股票一样投入 100%的资金，只要交纳保证金就可以交易。我国现行的最低保证金比率为交易金额的 5%，国际上一般在 3%～8%之间。这样，投资人的资金就相当于放大了数倍，资金的利用率大大提高，但高收益同时也伴随着高风险。

相比金融期货较高的投资门槛，商品期货，特别是小品种期货似乎更适合普通散户进行投资。之前有段时间，鸡蛋除了可以炒番茄或者炒大米饭外，投资者可以开始用它来“炒期货”了。经过近半年的筹备，鸡蛋期货终于破壳而出。2013 年 11 月 8 日，鸡蛋期货于大连商品交易所正式挂牌交易，至此我国第一个生鲜产品期货诞生。根据大连商品交易所公布的合约内容，鸡蛋期货交易品种为鲜鸡蛋，交易单位为每手 5 吨，涨跌停板幅度为挂盘基准价的8%。交易首日，鸡蛋期货高开低走，此品种的上市也引起了众多小散户的关注。当天，北京新发地农产品交易市场的鸡蛋零售价为每斤4.5元，而交易所基准价每斤4元，有炒家笑言这还是比较便宜的。我认为鸡蛋期货容易产生逼仓的风险，那什么是期货的逼仓行为？散户该如何防止“鸡飞蛋打”，甚至还能跟着逼仓行情大赚一笔呢？

## 什么是逼仓

2013年11月8日，鸡蛋期货登录大连交易所，这个消息可以说是令人目瞪口呆，因为它完全颠覆了传统期货的基本要求。经典教科书里面这样说，期货产品需要有这样几个条件：第一，易标准化；第二，易存储/易运输；第三，交易量大/价格波动大。只有满足这三个条件，才可以做成期货合约。

首先来看标准化要求。在此之前的很多期货品种，比如铜、锌、铝等金属期货，原油、燃油类能源期货，大豆、玉米类农产品期货，这些产品的标准化是比较容易的。这个鸡蛋怎么标准化？洋鸡蛋长的个大，土鸡蛋个小，应该以哪种蛋作为交割标准呢？这是第一个问题。

其次是易存储/易运输方面，我们知道铜、原油、铝、锌的存储不是问题，大豆和玉米这类农产品的存储也很好解决，但鸡蛋怎么存储呢？夏天鸡蛋发臭了怎么办？还有运输问题，鸡蛋在路上破了怎么办？所以第二个条件它也是不满足的。

鸡蛋唯一能满足的就是第三个条件：交易量大，因为大家都要吃鸡蛋，而且价格波动大，特别是节假日的时候，一般端午节、春节鸡蛋的价格都会大幅度上涨。所以正是鸡蛋期货异于传统期货的特点，有可能会带来很多逼仓机会。

逼仓是指交易一方利用资金优势或仓单优势主导市场行情向单边运动，导致另一方不断亏损，最终不得不斩仓的交易行为。逼仓是一种市场操纵行为，主要通过操纵两个市场，即现货市场和期货市场逼对手就范，达到获取暴利的目的。逼仓者是市场中的买方，他既拥有大量的现货部位，又拥有大量的期货部位，这样可以使没有现货的卖方在进入交割月以后，只好以较高的价格平掉自己的部位，这就是逼仓。

逼仓一般只发生在商品期货中，由于商品期货中存在交割制度，会带来很多逼仓机会。现货交割制度就是当投资者买了一个期货合约之后，如果不平仓的话，到了交割日时，对方必须将现货交给买方。比如我买一千吨鸡蛋，一个月的期货合约，到了一个月后的交割日，对手方就要把一千吨实物鸡蛋交给我。如果对手方交不出这一千吨鸡蛋的话，他的保证金就全部都没有了。现货交割制度使期货市场出现很多逼仓机会。

假如说市场上有五千吨的鸡蛋，我买了四千吨，还剩下一千吨，这时候我可以在期货市场拼命买，因为我心里清楚对方是不可能有这么多鸡蛋交割的，如果对方敢卖给我鸡蛋，那他就死定了。所以对手方就只能从我这里高价买回去，认赔出局，这叫做逼仓。一旦大机构控制了现货，其完全可以利用自己掌控现货的优势造成逼仓行情，赚取巨大的收益。

## 浓汤野人的传奇

期货市场最近一次的大规模逼仓是2010年的棉花大牛市，如图13所示。从2010年的9月份开始到2010年11月份，短短两个月的时间，棉花的价格从每吨1.8万元一路飙升至3.2万元左右，当时恶劣天气造成棉花大幅度减产，国外也同步减产，正好给期货多头利用，造就了一次大规模的逼仓行情。到了11月份后，逼仓结束，第二年由于现货的供应充足，棉花又大幅度下跌，这样一涨一跌两次行情造就了一个传奇人物：浓汤野人。

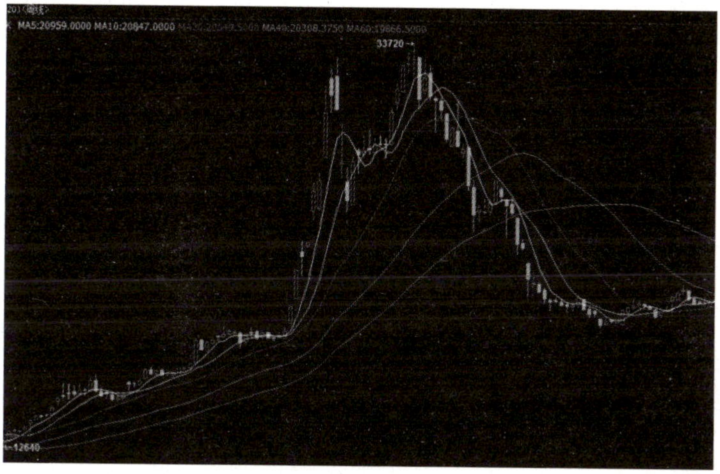


图 13　2010 年棉花大牛市

浓汤野人，本名林广袤，中纺操盘手职业投资人，毕业于北京物资学院期货专业。他的这场震惊市场的交易其实并不复杂，2010 年从 600 万元开始，浓汤野人一路浮盈加仓，最终他做多棉花的持仓量一直加到了 3 万手，棉花的价格当时也在期货市场一路飙升，浓汤野人赌对了方向，短时间内获利 220 倍，600 万元瞬间变成了 13 亿元。2011 年，他又开始反手做空，用 1 亿元赚到 7 亿元，完成了从 600 万元到 20 亿元的传奇交易。

浓汤野人当时只是名不经传的期货交易员，当时敏锐地发现这样一个机会后，他筹集了 600 万元，一路做多。因为期货是保证金交易，只要涨 10%，整个资本就将近翻倍，他将获利部分不断浮盈加仓，短短几个月时间，从 600 万元做到 20 亿元，这是最近五年期货市场最大的一个传奇。由此可见，重大的逼仓行情带来多么大的暴富机会。

当然他的对手盘，那些做空的人，除了棉花企业的套保之外，其他都死得很惨。套保盘因为有现货做支撑，做空期货后可以赚一个期现套利差。但是那些投机做空的，很多人倾家荡产。

棉花当时之所以有这个行情，有两个原因：第一是因为天气原因造成大量减产；第二个原因是国储抛棉。国家储备局会存储很多战略物资，在2010年七八月份的时候，棉花价格已经涨得很厉害，国储为了抑平市场，向市场抛了60万吨的棉花。如果当时不抛的话，市场价格可能还涨不到那么高，一抛之后，所有人都知道国储没棉了。所以当最后一个利空消失时，所有的多头一路往上买，逼仓的、跟风的、斩仓的形成合力，一下子将棉花的价格在短短两个月内从每吨1.8万元推到3.2万元这样的高位。

所以我们发现逼仓行情一般会发生在小品种上，像原油、金属这样的大品种比较难逼仓，因为小品种的持仓量和交易量都比较低，需要操作的资金量也低，历史上出现过多次逼仓行情，比如天津红小豆、海南咖啡等。当然也有例外，2005年的伦敦铜的逼仓行情就是大品种，这次事件亏的是谁呢？是国储。

## 国储铜巨亏

期货市场的另一个著名逼仓案例发生在中国国家储备局和国际基金之间，所围绕的标的物是铜。事件发生在英国当地时间2005年12月21日，这一天是伦敦金属交易所，也就是期货专家们经常挂在嘴边的LME的集中交割日。没人会想到这个平常的日子竟成了中国国储局与国际基金的“决战日”。

故事的主人公，是中国国储局的“操盘手”刘其兵，一位30多岁、在领导眼中彬彬有礼、行事低调的年青人。当年10月，刘其兵认为铜价将出现下跌，便以每吨3300美元到3700美元的价位在伦敦金属交易所抛出了20万吨3个月期铜合约。如果到期时铜价下跌，他可以为国储局大赚一笔。然而11月下旬，期铜价格持续攀升，国储局通过延期交易缓解了暂时的危机，但国际基金多头认为国储局手中铜储备不多，便不断地做多，持续推高铜价，想逼空头就范，一路将铜价推高至每吨 4 000 美元以上，造成国储局巨额亏损。

2008 年 3 月 20 日，刘其兵因违反国家期货交易规定被捕，一审判刑七年。据《财经》杂志报道，在刘其兵一审宣判时，伦敦金属交易所三月期铜的买入价盘中达到每吨 8880 美元的惊人价格，这是自 2006 年 5 月 LME 三月期铜价 8790 美元以后的新记录，与刘其兵爆仓时的 3000 多美元价差巨大。这次逼空行为致使国储局损失 9.2 亿元人民币。

图 14 显示了 2005 年伦敦 LME 铜的走势，很显然这是铜的一个大牛市。在这波牛市中，国储开始做多，赚很多钱，其中一个明星交易员叫做刘其兵。但是当价格到 3000 多美元的时候，他开始做空并因此付出了巨大的代价。

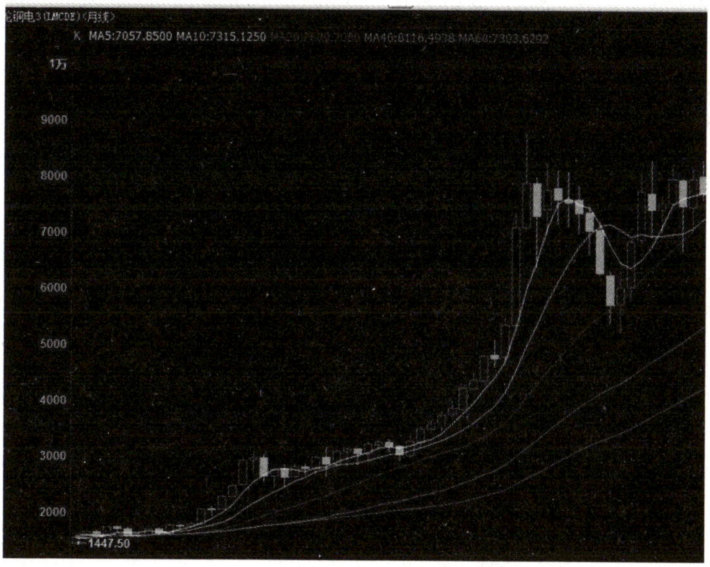


图 14　2005 年伦铜走势

当时为什么出现这样一个逼仓行情呢？原因有两个：

第一，需求极度旺盛。2005 年到 2007 年正好是中国经济的一个火爆期，那时候年均 GDP 都在十个点以上，对铜的需求非常旺盛，全世界的铜都在往中国运，智利的铜矿都在加班加点开工。那时候中国的房地产市场刚开始启动，各种家用电器都需要铜，所以当时中国是铜的需求最旺盛的消费国。

第二，国储在做这件事情时完全投机。因为中国是一个铜进口国，要做投机的话应该是做多，就算铜价跌了，大不了接货运回国内。国储最不应该抛铜，本身就没有多少铜，还要卖铜，那不是纯投机嘛。

表 12 显示了国储抛铜事件历程。国储就像是一头大象跑到狮子群里面，虽然刚开始做得不错，可能只是别人给你的甜头。这还真有点像赌场，一个新手进赌场，一般让你赢一点，等你有兴趣大规模进入后，再来猎杀你。从基本面角度上讲，中国当时正好处于一个高速发展阶段，作为国储这样的机构，确实不应该做这种跟大势相反的事情，这次国储巨亏事件，刘其兵也因此付出了惨重的代价。

表 12　国储抛铜事件经过

| 时间 | 国储抛铜大事一览表 |
|---|---|
| 2005 年 10 月 30 日 | 国储局召开会议，就国际铜价问题进行研讨。会议之后，国储局对外宣布，将在近期向市场抛售 3 万到 5 万吨铜。 |
| 2005 年 11 月 9 日 | 国储局的主管部门国家发改委发布通告，宣布为抑制中国的铜价，中国将向市场抛出一定数量的储备铜。 |
| 2005 年 11 月 11 日 | 国储局声称其持有 130 万吨铜库存，比市场预期的要高出 100 多万吨。 |
| 2005 年 11 月 16 日 | 国储局第一批 2 万吨储备铜竞拍，计划出售的 2 万吨铜全部售罄。 |
| 2005 年 11 月 17 日 | 国储局官员表示，中国交易员刘其兵在伦敦市场上所持有 20 万吨铜空头属于个人行为，该人也不再是政府雇员。 |

续表

| 时　　间 | 国储抛铜大事一览表 |
|---|---|
| 2005 年 11 月 23 日 | 国储局第二批 2 万吨储备铜竞拍，6 629 吨铜流拍。LME 铜价跌至每吨 4 020 美元的两周低位附近，在尾盘时回升至 4 098 美元。 |
| 2005 年 11 月 30 日 | 国储局第三批 2 万吨储备铜竞拍，6 100 多吨铜流拍。LME 铜价创下每吨 4 270 美元的历史新高，中国国储第三次抛铜压价的意图再度落空。 |
| 2005 年 12 月 7 日 | 国储局第四批 2 万吨储备铜竞拍，再度遭遇大面积流拍，仅成交 3 700 吨。国际铜价依然逆市上涨，创下期铜百年来最高记录 4 466.5 美元/吨。 |

只要是现货交割制度，就免不了逼仓行为，特别是鸡蛋期货，其实有很多可能造就逼仓的情形。

第一，不易存储。鸡蛋在高温下容易变质，去交易所交割时可能达不到需要的交割品质。高温天气的时候可能造成整个市场上鸡蛋储量的减少，这会成为一个逼仓者很好的借口。

第二，禽流感。禽流感鸡会死，大批的鸡死掉之后，市场上可交割的蛋就少了，从而引起鸡蛋价格大幅度上涨。

第三，恶劣的天气。恶劣的天气会影响运输，2008 年的那场大雪使得北上广大城市的蔬菜价格翻了翻地往上涨，“蒜你狠”、“姜你军”这些大家应该还记得。当时除了货币超发的因素外，相当大一部分是运输造成的。如果鸡蛋期货涨了十倍，再加上杠杆效应的话，赚千倍完全有可能。

第四，节假日效应。节假日的时候鸡蛋价格往往都会上涨，因为需求旺盛，这也是逼仓者的机会。正常情况下，做多与做空力量是均衡的，一旦某些因素打破了这个均衡，价格会快速地向另外一个方向运行。鸡蛋期货确实具备了逼仓的众多条件。

## 小赌怡情

逼仓基本上都是针对商品期货，金融期货基本不太可能出现逼仓情况，例如股指期货是现金交割制度，到了交割日，缺多少补钱就可以了，不用给货。国债期货虽然是现券交割，但是国债规模太大，很难被操纵，因此金融期货很难被逼仓。

逼仓行情是一种操作行为，一定是少数人获利。大多数人不敢玩，这相当于进到赌场，别人能看到你的底牌，这样的赌局你还敢玩吗？金融期货就公平很多，因为很难出现逼仓，是一个相对公平的赌场。我们国家现在的商品期货来越来越多，最近两年连续上了十几个品种，总的交易量已经超过美国，成为世界第一商品期货市场。但是金融期货现在只有沪深 300 指数期货和国债期货这两种，真正需要大力发展的其实是金融期货，商品期货有点创新过度，金融期货可谓创新不足，未来一段时间内这方面可能会有较大发展。

逼仓行情对个人投资者是双刃剑，它的波动特别大，铜当初是从每吨 3000 多美元上涨到 6000 多美元，价格翻了倍，大概经历短短三四个月的时间。棉花从每吨 1.8 万元涨到 3.2 万元也只用了两个月，这还是波动小的，之前的苏州红小豆、海南咖啡的炒作行情波动要比这个大很多。碰到逼仓行情，可能一夜暴富，也可能一把输光。所以对散户来讲，一旦发现有逼仓行情出现，赶紧参与。

但是我建议大家只用小钱去玩玩。你有一千万元，拿一百万元参与即可，说不定这一百万元就变成一亿元。千万不要把这一千万元全部玩进去，我一向不主张做高风险投资，逼仓是高风险操作。

逼仓行为虽然违规，但在现实交易中却很难界定并被定案。为防止逼仓行为，业界也做了许多周密规定。比如刚刚破壳上市的鸡蛋期货，其保证金比例高达 8%，为历年新推出期货品种中保证金比例最高的一类。据了解，开盘交易当天，广州各大期货交易所均增加保证金比例至11%左右，以防止开盘初期遭遇过度投机炒作，这给逼仓者增加了难度。也就是说，想要逼仓，除非你有天量资金。2013 年 11 月 8 日起，菜粕期货的保证金也由之前的 5%上调到 10%，这些举措连同之前的同一交易所账户数及交割月持仓量等规定的目的都是为了防止逼仓等市场操纵行为。

大概三年前，当时的豆油也有一波逼仓的行情，我有个朋友是散户，从十万元起家，跟浓汤野人一样一路往上做，到顶的时候大概赚到了三千万元。很多朋友劝他收手，他说要继续做到三个亿，结果第二天豆油连续两次停板，他一下子从三千万元回到二十万元去了，所以期货市场风险巨大。对普通散户来讲，千万别把身家性命往里赌，如果你发现做反了，要赶紧止损出局。

特别是做股票的人进入期货市场后有一个毛病：喜欢死扛。期货市场是无法死扛的，一旦钱不够，期货公司会将你的仓位强行平掉。2008 年连续暴跌的时候，很多商品期货连续 11 个跌停，投资者压根无法死扛，期货公司直接就帮你砍仓了。期货市场是会员制，交易者不和期货交易所直接发生关系，是委托期货公司做交易，期货公司跟期货交易进行结算。如果散户暴仓的话，是期货公司赔，不是散户赔，所以期货公司的风控很严格，一旦出现有可能暴仓的迹象，就直接砍掉仓位。

# 信托凶猛

2014 年信托兑付危机一触即发，本节以忠诚信托兑付问题为例，阐述了信托刚性兑付的潜规则由来以及该潜规则给金融市场带来的负面影响，并以数据为基础，预测信托危机的来临和刚性兑付必将被打破的经济规律。

2014 年 3 月 12 日上午 11 时许，正当邢利斌准备搭乘从山西太原飞往深圳的班机转道去香港时，太原武宿机场出现了几名警察将他当场带走。邢利斌，山西联盛能源有限公司的董事局主席，也正是不久前媒体热炒的耗资 7000 万元嫁女的“山西煤老板”。截至 2013 年 9 月底，联盛对外融资总额 268 亿元，其中最引人关注的是有 74 亿元左右的信托借款，随着联盛的实际控制人被警方带走，我们不禁要问，那些联盛的信托持有者能按时收到本金和利息吗？

据了解，除华融资产管理公司 19.9 亿元的信托将在 2015 年 9 月到期外，其余的联盛信托借款产品均在今年到期，共计 54.75 亿元。涉及的信托公司包括中建投信托、中江国际信托、长安国际信托、山西信托。信托产品在 2014 年注定命运多舛，年初市场经历了中诚信托 1 号的兑付危机，很快，同属中诚信托、将于今年 7 月到期兑付的、规模为 13 亿元的“诚至金开 2 号”也出现了类似的困境，不能按 10.5%的年化预期收益率兑付当期信托净收益，其信托专户内余额仅剩约 6 722 万元。

距离中诚兑付危机解除不到一个月，吉林信托风波又起，其近 10 亿元的松花江77号项目逾期未付，所涉及的企业正是山西联盛。对整个信托业来说，这两次违约危机或许仅仅是个开始。美银分析师在报告中指出，今年信托业的违约危机一触即发。中信证券也发布报告称2014年将有7 966只信托产品到期，集合信托的规模合计9 071亿元，考虑利息支付的因素，本息合计 1 万亿元。人们不禁担心：信托市场在经历了飘飘荡荡、人心惶惶的漫长岁月后，最终能否守住其保本的底线？信托的刚性兑付，还能维持多久？

## 信托高速发展

之前一段时间内关于信托的话题非常多，一开始有中诚信托的兑付危机，后来又有吉林信托的延迟兑付问题，而最超日债干脆就直接违约，信托到底出了什么问题？这么多年大家一直认为非常稳定的类固定收益产品存在什么风险呢？

我们先来看一张图，图15显示了2004年-2013年信托资产的发展情况。

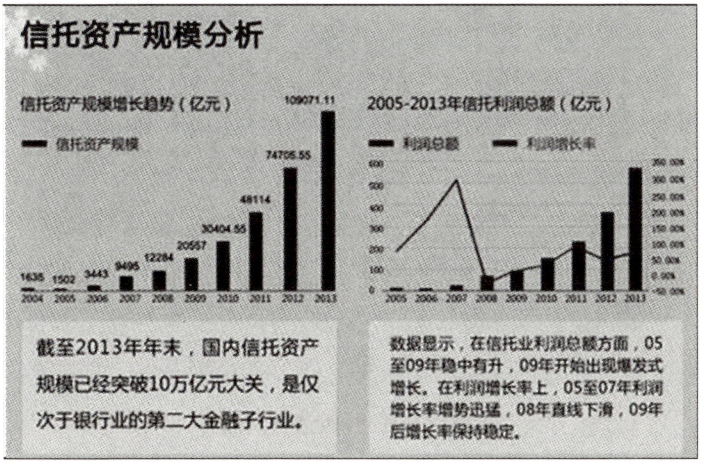


图15　2004年-2013年我国信托资产发展情况

从图中可以看出，信托产品在过去几年差不多以年均 50%的速度增长，远远超越了股市、债市及其他理财产品市场。为什么信托会这么受欢迎呢？有两个原因：

第一，收益高。货币基金平均收益率差不多是 4%，债券基金平均收益率为 6%，股票基金会亏钱。而信托过去的收益率基本上都是 8 个点、10 个点甚至 12 个点以上，远远超越了其他投资产品。

第二，刚性兑付。信托公司卖产品的时候都会提供一个隐形的担保，叫做刚性兑付，保证本金和利息得到兑付。在这种情况下，信托的收益变成无风险收益，和银行存款类似。

过去几年信托公司的收入急剧增加。图 16 显示了信托公司的主要经营业务。

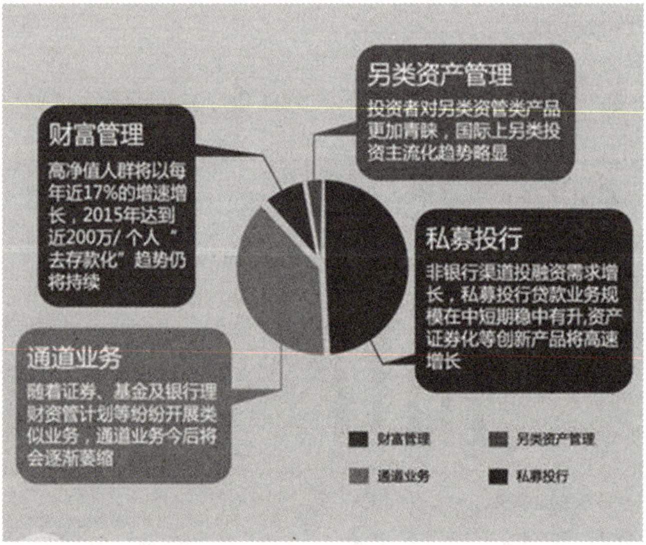


图 16　信托公司主要投资业务

信托公司的主要经营业务有以下四个：

第一，财富管理。中国过去几年的高净值人群每年以17%的速度增长。所谓高净值人群，一般银行认为拥有可投资产200万元以上，外资银行中可能是1000万元以上，这些是优质客户。中国过去三十年的经济高速发展，很多人积累了大量的财富，这些人群不会满足于银行存款收益，他们需要更高收益的投资产品，其中相当一部分就投入信托产品中。

第二，通道业务。过去几年中国的私募基金没有合法身份，所以私募基金大量地通过信托通道开设证券账户、期货账户并进行合法的资金募集工作，私募基金经理作为投资顾问提供交易指令，这种方式在期货类、股票类的私募基金中非常普遍。

第三，另类资产管理。现在很多信托都在做类似于家庭财富的管理，或者家族信托这种专门为一些家族产业打理资产，不仅仅是投资，还包括教育、遗产、慈善等。

第四，私募投行。大的基金或者一些高净值人群可能会愿意投一些资产证券化的产品、PE产品等。

很多人会问，为什么银行不做这样的事情呢？因为有银监会的监管，银行看到这块肥肉不能吃，于是就换个方法，通过信托去吃。实际上最终资金依然是从银行来的。

信托投资的产品中，其中有巨大风险的基本上以矿产、房地产为主。一旦经济下滑，这些实业就会有问题，投到矿产，矿没了，投到房地产，房子卖不掉了，那么怎么还投资人的钱呢？第一种方式是遵从市场法则，买者自付，亏了活该。第二种方式是过去两三年的潜规则：刚性兑付。刚性兑付，简单地说就是本金兜底，不管信托产品的投资业务是赚还是亏，都确保信托持有人的本金和利息得到兑付。

海通证券调研显示，2014 年信托到期量约 5.3 万亿元，较 2013 年将增长超过 50%。其中基建信托到期量约 1.4 万亿元，占比 26%；地产信托到期量约 6335 亿元，占 12%；产业(工商企业)信托到期量约 1.7 万亿元，这三大类信托到期量最大，占 32%。不过在业内看来，由于单一信托主要交易对手为银行或机构投资者，信托公司并不需要进行刚性兑付，因此更为市场所担忧的刚性兑付涉及的多是 9000 亿元集合信托。

据国金证券分析，包括平台类信托在内的基建集合信托，今年到期规模最多，达 2720 亿元，几乎是 2013 年的三倍，占比 30%。对于投资者而言，信托产品最大的吸引力除了潜在的高收益之外，就是“刚性兑付”的预期。所谓“刚性兑付”，就是指信托计划不能如期兑付本金及收益时，信托公司或其他接盘金融机构需要用自有资金支付。事实上，我国并没有哪项法律条文规定信托公司必须进行刚性兑付。所以信托的刚性兑付，终究也只是击鼓传花的游戏。

从刚性兑付的定义看，信托产品跟存款非常像，钱存银行，银行一定要给我兜底，除非银行倒闭。至于银行拿了我的钱去放贷，中间出现亏损，当然由银行自己承担，储户的资金安全必须得到保障。但是从理论上说，信托是一种风险资产，属于委托理财方式。投资者将钱投入某个信托计划，并不意味着必须获得相应的收益，中间还是有风险的，如果信托计划投资失败，风险的承担者应该是投资者本身，而不是信托公司。这就是信托产品和银行存款的区别：银行存款的风险承担者是银行，信托计划的风险承担者是投资者。

正是由于业界有刚性兑付的潜规则存在，使得投资者买信托产品的时候只是关注收益，而不是项目本身，从而造成以信托、私募债为代表的高收益产品屡屡出现问题。那么出了问题应该怎么解决呢？

第一，完全刚性兑付，本金兜底。

这种模式下，首先要看资金缺口有多大，再看谁来兜底，怎么兜底。以中诚信托为例：中诚信托 2014 年 1 月 27 日下午公告称，依照信托文件规定，中诚信托作为受托人以股权投资附加回购的方式运用信托资金对山西振富能源集团有限公司进行股权投资。目前，受托人已与意向投资者达成一致，请客户尽快与其客户经理联系。有投资者表示，经过联系，得到的通知是只兑付本金，第三年剩余部分利息不兑付，如果能在协议上签字，本金在 31 日前能够到账。

至于背后到底是谁兜底，是工商银行还是中诚信托，或者是第三方，目前没有明确的消息，但是至少大家明白一件事情，信托有风险，是有可能违约的。

第二，打破刚性兑付，投资者买者自负。

对于可能没有强有力后台进行兜底的信托，就只能按照实际收益水平分配给受益人，涉及的一个核心问题是债务顺位问题。按照我国《物权法》规定，抵押物情况如在登记机关进行登记的，按照登记情况享受债权分配第一顺位；如未登记的，不管债务发生先后，均平均享有抵押物清偿分配权。对于振富错乱的债务关系，我认为其抵押物普遍缺乏有效登记的概率偏大，所以信托计划极有可能不存在对于其他项目的分配优势。这种情况下，投资者无论是在纠纷时间还是投资空间上都将遭受重大的损失。

## 刚性兑付

先来了解过去十年中国信托的潜规则“刚性兑付”。什么是刚性兑付？就是出了事，肯定赔钱！但这是违背信托本质的，因为信托的本质是得人之信，受人之托，履人之嘱，代人理财。受托人（信托公司）的报酬只是信托财产的管理费，其以受益人利益最大化和信托合同要求管理资产，在履行了谨慎投资、恪尽职守等职责的情况下，不对投资的损失承担责任，信托财产的损失和收益都归受益人（投资者）所有，这是信托的最基本思路。

奇怪的是，这个思路似乎并不适用于现在中国的信托市场。

刚性兑付起源于监管隐性要求。2005 年左右，在处理金新信托、庆泰信托、伊斯兰信托等事件的基础上，监管层逐渐形成了一种思路：对于出现问题的信托计划，要求信托公司根据委托人初始出资金额而非投资结果确定最后的兑付金额。

如金新信托乳品计划的兑付，最终结果是：10 万元以下全额赔付，10 万元以上按本金 90%赔付。彼时，监管层要求各信托公司不出现单个信托产品风险，否则信托公司将会被叫停业务。由于时值第五次整顿和第六次整顿之间，信托公司存量不多，信托牌照可谓一照难求，各信托公司为了保住业务，不得不重视兑付问题，这便是刚性兑付的开端。

这直接给投资者传递了一个信号：融资类的集合资金信托计划和银信理财合作产品没有风险。而出于声誉风险的考虑和监管要求，信托公司也愿意按照确保兑付的要求管理信托资产。至此，刚性兑付在信托业正式确立。在刚性兑付的规则下，投资者需求旺盛，业务实现了爆发式增长，2006 年以来，成立规模和数量的年复合增长率为 69.96%和 50.63%。

事物总是有两面性的。在为投资者解除后顾之忧，促进信托业务爆发式增长的背后，刚性兑付也有不良影响，影响着信托业的可持续发展。

信托公司的最大优势在于其“全牌照”，可以投资于证券市场、信贷市场、公司股权、物权等，资金运用方式灵活。这给了信托公司较大的选择权，也给了投资者较大的选择权：对于资质较好的项目，信托资金可以股权、物权投资的形式介入项目，为受益人博取较高的收益。

按照信托原理，信托公司的收入只能是信托管理费和业绩报酬。在实际业务中，信托公司通过控制投资者收益，将部分信托收益作为信托公司收入来源。融资方为融资支付的费用包括如下部分：信托收益（投资者的报酬）、信托公司管理费及业绩报酬、托管费用。为了快速融得资金，融资费用一般较高，而信托公司只需支付给投资者相对低廉的收益，其差额便是信托公司的“超额收益”。

一方面是投资者收益固定，由信托公司做隐形背书，另一方面是信托公司可获得管理费用之外的利润，这使得信托产品类似于银行的存贷业务。信托产品贷款化是刚性兑付文化的直接结果，并诱发了一系列问题。

**刚性兑付的问题**

刚性兑付带来的一个最大问题就是正常投资行为变成类存款行为。比如买股票，你会想到股票会亏钱，所以非常谨慎。买蓝筹股，可能风险小一点，创业板可能风险会大一点，收益跟风险是对应的。但是信托很奇怪，信托本身是风险资产，但是由于刚性兑付的存在，很多人认为没有风险。既然没有风险，人的本能自然追求收益越高越好。在这种情况下，投资者一定会选择收益最高的信托产品去买，从而将信托产品变为类存款方式。

也正是由于刚性兑付的存在，银行销售人员在推销信托产品的时候，都会承诺客户该类产品毫无风险，而且会尽量推销那些收益率高的信托产品，从而带来巨大的风险隐患。因此在购买信托产品的时候，一定要做足尽职调查，避免购买那些容易出事的资产。

别人向你推销产品并告诉存在刚性兑付的时候，你要明白他拿什么去保证你的安全。比如你投了一百万，作为信托计划投资到矿里面，结果矿没有了，那对方怎么还钱呢？所以真正能够保证资金安全的一定是背后有强大的实力。我们为什么将钱存入银行？因为银行有强大的资金实力，再不济它有央行做最后买单人。但信托是没有这样的保护做后盾，所以投资者一定要明白，购买的信托产品，就算前面几期还钱了，也不代表后面一定会还钱。

现实生活中，借款 10 块，你肯定会还，但是借款 10 万呢？很可能就不还了。所以信用其实和借款规模存在反比关系，借的钱越多，不归还的可能性就越大，因为还不起了。所以在购买任何信托产品之前，一定要分析背后的原理和还款保证。

信托公司作为真正的融资方出于赚取价差的原因，一定会选择那些能提供更高收益率的产品，那么什么样的产品会获得比较高的融资利率呢？一定是资质比较差的，比如说三四线城市的房地产，产权不清晰的矿，诸如此类，这样在投资者和融资方之间就会有较大的价差。

好项目比如国家项目、大型企业项目不可能给这么高的收益，最后会产生一个结果：劣币逐良币，像中诚信托、吉林信托这类产品会大行其道，最终仍然是老百姓买单。信托界对此有一个说法叫做格雷欣法则。

## 格雷欣法则

格雷欣法则说的是在资金比较紧张和质量比较差的项目中，借钱方更容易支付较高的融资费用，一方面信托公司能获得更多的“超额收益”，另一方面也能向客户支付更高的收益。而由于刚性兑付的存在，客户在选择信托产品时，只会比较产品的期限及预期收益率，忽视了信托产品及其背后项目的风险。按此逻辑，收益高、质量差的信托产品更受投资者欢迎。久而久之，信托公司与投资者更愿意选择收益高、质量差的信托产品，从而对质量好的项目产生挤压，这也就是经济学原理中的“劣币逐良币”现象。

刚性兑付的潜规则和信托产品的原理是相违背的，《信托法》写得很明白：信托不可以承诺保底，也不可以承诺收益。但是监管层却要求信托公司兜底，完全是知法犯法，政府的手管得太长，这种做法干扰了市场的正常定价。我们经常挂在嘴边的一句话叫做“保护投资者”，我一直觉得这句话有问题。换一个说法：“我们要保护赌徒”，大家觉得有道理吗？可能会觉得这句话很好笑，但为什么保护投资者就有道理呢？投资本身就是承担风险的，要是想无风险收益，可以存银行。既然要赚风险收益，投资者一定要承担相应的损失。监管层怎么可能保护的是投资者一定会赚钱呢？我认为需要保护的应该是市场秩序。就像你到拉斯维加斯赌博，赌场老板会保证你一定赌赢吗？他保护的是赌场秩序，比如你不能出老千，不能够联合骗人，至于赌赢赌输，就看你的赌技了。投资也是一样，监管层应该保护的是整个游戏规则，比如信息应该主动披露，不能够造假，不能够操纵市场等。这些才是监管层应该干的事情，而不是保护投资者一定要赚钱。

购买信托产品的客户中很多都是普通老百姓，缺乏专业知识判断项目的质量，一般来说就只能听销售员漫天胡吹，所以从监管的角度来说，项目好坏要有一个明确的界定，比如信息充分披露或者进行第三方评级。借鉴债券的评级法则，对不同的项目给予不同的评级，比如 AAA、AA 之类，然后交给投资者自己去选择，绝对不给出一定不会有问题的承诺。这种评级体系给普通投资者较为明确的指引，至于投资者在风险和收益之间如何选择，那就看投资者自己的决定了。

国内信托从 2011 年至 2013 这几年发展很火爆，而且也没有出现过兑付危机，可能会有人要问我不是不过分夸大风险了？对于这个问题，大家需要仔细分析一下，为啥信托这几年这么火？第一，当时信托产品比较少，优质项目比较多。第二，过去几年中国房地产市场高速发展，房价不停涨，矿也不停地涨，不用担心兑付问题。但是过去一两年，中国经济开始下行，不少地方出现老板跑路情况，比如温州、鄂尔多斯。房地产出问题，换不上钱，老板干脆跑路了之，最终兜底的人是谁？如果按照刚性兑付的话，要么信托公司兜底，要么银行兜底。中国现在有十万亿信托，假定其中有10%出问题，就是一万亿，信托公司所有资本金加起来才两百多亿，它拿什么去还？所有上市银行的总利润去年大概是一万两千亿左右，把银行全赔个家底光才能还上。信托合同中写得很清楚，风险承担者是投资人，信托公司是不会承担损失的。

那为什么中诚信托愿意兜底呢？因为它不想成为第一个打破刚性兑付的机构，尤其中诚信托的背后是工商银行，作为中国最大的银行，它不愿意成为媒体的焦点，以工商银行的实力，还是能够扛得住。而且这个信托牌照也很值钱，它不愿意为了这么一单将牌子做砸。所以那些能够被兜底的信托产品都是大机构背景的，等别的小机构扛不住打破刚性兑付后，它们再打破就不会受到那么多媒体关注了。所以中诚信托最终大难不死，只能说投资者运气好，是工商银行出于自身信誉度考虑才扛下所有的损失。

信托产品的刚性兑付违背了一个最基本的经济学原理，就是收益、风险和规模三者不可兼得。想追求高收益，一定要承担高风险，这是大家都明白的道理。当然市场上确实有一类产品，收益又高，风险又低，但是它的规模一定很小，比如量化投资鼻祖，西蒙斯教授的大奖章基金每年赚35%，从来不亏钱，但规模只有 50 亿美金，在全球对冲基金中属于小个头。国内信托做这么大规模，其实很多信托背后隐藏了很多的风险，但是在销售员嘴里面，这些风险都是不存在的，使得接最后一棒的投资者可能会输得很惨。

所以中诚信托、超日债已经是实质性违约，只是大股东出于政治考量，自己背负了损失而已。未来一段时间，如果投资者购买类似的信托产品，需要特别关注那些有可能存在高风险的行业。图 17 显示了最有可能出风险的信托产品。

对于图中的这些行业，投资者还是需要小心谨慎，这些行业的信托产品，随着中国经济的放缓，可能会出现安全性问题，它有点儿像庞氏骗局，到了一定程度，拆东墙补西墙的游戏就无法继续下去了。过去几年之所以信托没有出现大面积爆发问题的情况，实际上是由央行印钞票去还的。

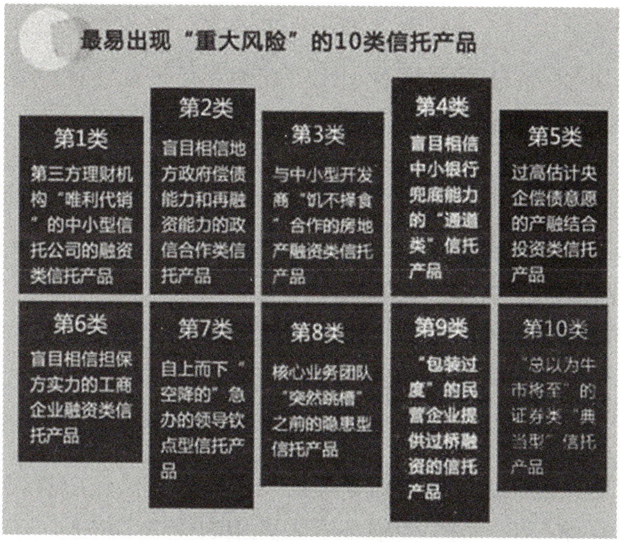


图 17　最有可能出风险的信托产品

如果央行一旦不放水或者降低放水的额度，整个市场的影响就会非常大，比如 2013 年 6 月份的时候银行钱荒，对应信托的收益率一下就上去了。因为那时候很多信托产品走入击鼓传花最后一步，只能高价拿资金，带来的结果就是整体信托的收益率大幅度提高。

刚性兑付的潜规则存在扭曲了市场的真正资金价格，那为什么大家这么热衷于做刚性兑付呢？到底谁是刚性兑付规则的真正受益者？

第一个肯定是投资者。有了刚性兑付的存在，本金和收益都是可以保证的，即使没有专业的金融知识，闭着眼睛挑一个收益率高的产品去买就可以，不需要承担任何风险。

第二个是信托公司。虽然说刚性兑付打破的话，兜底的是信托公司，但是对于它们来说不会缺项目的，正因为有了刚性兑付的存在，投资者的热情才会这么高，结果就是融资成本要低很多，所以说最希望看到这个情况的是信托公司本身，因为可以赚取中间差价。

第三个是融资方。项目方其实也是受益者，因为它只要开一个高价，自然有信托公司帮忙去获得资金，比传统的银行贷款要容易得多。只要项目能做成功，偿还资金利息后，依然具有相当多的收益。

那这个游戏中，真正承担风险的是谁呢？其实最后买单的还是普通老百姓，一旦出现堵不上口子的情况，依然是央行去印钞票来解决问题，这个就会造成通货膨胀，通货膨胀的买单人自然就是普通老百姓。如果国家决定打破刚性兑付，最后一批买信托的人可能就血本无归。

## 监管问题

我一直很反对保护投资者这种提法，应该保护的是游戏规则，而不是保护投资者稳赚不赔，结果使很多不明真相的投资者进入。前面几批人确实赚了很多钱，但是最后一波钱投进去的时候，可能就是 game over 的时间了。未来两三年，我们可能会看到很多信托产品刚性兑付不断破裂的消息，也会看到中国经济的放缓迹象，比如房地产价格下跌，矿业崩溃，这是经济规律起作用，没有人可以阻挡。在泡沫顶端买产品，一旦泡沫破灭，很多投资者会非常痛苦。但我认为这种痛苦是值得的，因为温室里的花永远长不大，真正的投资者一定是在水火的斗争中，逐步迈向成熟。

信托泡沫的破灭，对于其他产品，包括传统的公募基金、债券基金或者对冲基金应该是个利好，这样投资者会真正成熟，根据风险匹配能力去选择适合的产品。风险承受低的去买货币基金，风险程度高的可以股票基金甚至期货基金。投资者逐步成熟，整个资源也会配置到真正有效的行业中去，而不像信托这样造成了一个很大的问题：反国家的宏观调控。

因为越是被调控的产品，比如房地产、矿产，就越有动力去发行信托，这些受到国家调控的行业可以提供更高的资金利息，信托公司发行这些行业的信托产品最有利可图，违背了国家调控的原则。

过去几年总理说房价要降，结果房价要听总经理的，不听总理的。为什么？他有途径拿到更多的钱。但是随着中国经济开始走入常态发展，这个泡沫一定会破掉，只是时间问题。所以还想买信托的一定要睁大眼睛，看看是否违背国家宏观政策。

打破信托刚性兑付只是时间问题，因为它违背了最基本的经济学原理，不是领导意志所能决定的，最终的决定力量一定是市场规律。购买产品的时候一定要明白一个道理：收益是风险换来的，如果有人承诺你一年 20%的收益，你要明白它后面是有风险的，对销售人员蛊惑式的语言，要多保持警惕。

90%以上的普通投资人，他的信息是不对称的，根本不知道产品的风险是什么，包装看上去都很好，但是项目的风险可能只有信托公司做项目的人会知道，但是他恐怕不会提示投资者，监管层真正监管的应该是这些人的行为，例如信息是否足够披露，如果没有披露，可以进行终身禁入处罚。有这样强大的法律威慑，他就不敢到处去忽悠投资者了。

从行业规范来讲，销售员也要注意自己的行为操守，不能明明知道这个东西有重大风险，还不断忽悠。对于这种行为的约束，还是要通过法律和制度的方法，不能指望道德。107 号文对终身制也有一个明确的规定。

2014 年初，国务院办公厅下发了《关于加强影子银行监管有关问题的通知》，即 107 号文。对于信托公司，107 号文最大的要求是回归信托主业，明确信托公司“受人之托，带人理财”的功能定位，实际上也透露出监管层对目前信托公司将自身定位为投资银行的不满。特别提出“运用净资本管理约束信托公司信贷类业务”，实际上是对信托刚性兑付的否定。

目前银监会对信托行业内部的风险高度关注，预计针对信托公司业务转型及规范的一系列监管政策将陆续出台，可能涉及解决刚性兑付、严格信托产品合格投资者认定、对投资人的信息披露等问题。在 107 号文出台前，坊间便有各种传闻，《南方都市报》记者曾曝料，查阅中国政府网、“国务院办公厅发文”一栏中发现，公开的国办发文从106号文直接跨越到了109号文，并没有107、108两份文件。

107号文内容本身应该不存在涉密内容，坊间猜测对这样一份文件保密，是因为考虑到107号文对某些金融机构影响较大，尚需要时间缓冲，故先将此文在内部传播。当时，业内人士普遍分析神秘的107号文对银行和信托的影响最大。文件公开后，文件果然应验了业内之前猜测，金融界认为2014年将成为各类金融品打破刚性兑付之年。

有个这个明确规定后，对信托监管的严格程度一下就提上去了，这意味着很多信托公司员工再也不敢去乱推荐项目，这会加速信托泡沫的破灭。

一般来说，专业的投资人不会借助通道去买包装过的产品，他可以直接对接项目，自己分析，省去中间繁琐的环节。信托公司现在包装项目，觉得谁的项目赚得多，就会着重包装，然后去忽悠投资人。这些投资人主要以普通老百姓为主，由于普通老百姓专业知识不够，最终很容易成为接盘的最后一波人。

在美国这样的成熟市场，监管层只管游戏规则是不是合理规范，并不会干预市场细节。西方国家是一个契约至上的社会，如果规则出现问题，管理层可以开会修改规则，并不会直接去干涉市场的微观行动。中国恰好相反，官员手伸得太长，把每个细节的微观都抓住了，但是经济学原理到处都存在，中国政府再强大，也无法违背经济学原理。所以政府官员要求兑付最终是要掏出真金白银的。没有真金白银，那就只能让泡沫破灭。

在理财这个黑社会里，银行无疑是老大，靠卖白粉起家，房地产商和地方融资平台是大客户，毒瘾最凶，不吸就得死，所以要多少钱都肯给。本来买卖兴隆，一片祥和，但岂料新任长官叫林则徐，刚上台就下大力气禁毒，一时间老大被监管得紧，日常送白粉的活儿都没办法亲自做，眼看房地产商和地方融资平台要毒发了，只好发展了一批小弟们做通道。

信托小弟追随最早，是个愣头青，无视风险，从不多话，让干啥干啥，迅速博得银行老大的青睐，率先崛起成为帮会第二把交椅。但很快就被长官盯上了，反复虐，每次打击黄赌毒，都要整他一回，致使银行老大用着越来越不顺手。

好在很快，一直束手束脚的券商小弟在一次“创新大会”突然打通了任督二脉，十八般武艺样样精通，还得到“定向资产管理计划”这一神兵利器，一下成为了银行老大的新宠，发展迅速，欣欣然有取代信托之势。

保险小弟本来有正经工作，刚刚加入黑社会，还搞不清楚状况。因为一向在白社会谨慎做人、懒散做事，舒服日子过惯了，家底又厚，一时还不敢接太多送白粉儿的活儿。

最尴尬的是基金小弟，海外留学生，所以有点拿翘，总觉得要参与意见，一会儿说要主动管理啊，一会说要严控风险啊，不肯随便听喝跑腿，因此就不太受银行老大重用。一来二去只能眼见着信托、券商赚钱多多，急得跳脚，可一时又放不下身段。幸而最近想出个妙计，把儿子推出来送白粉儿了，美其名曰说：“小孩子，不懂事，犯了错误可不怪我哦！”岂料基金的儿子倒更像信托生的，初生牛犊不怕虎，一上来比老爸挣钱还多。

2014 年来到了，还不等林则徐当众宣布，就有飞贼偷出了 107 号诏书，一夜传遍江湖。

奉天承运，皇帝诏曰：

（1）银行老大你偷偷卖白粉以为我抓不住现行是么？现在请你按照“实质重于形式的原则计提资本和拨备”，从今以后，翻出旧账，一样杀无赦！

（2）信托小弟你傻啊！职业流氓能当一辈子么？赶紧找份正经工作去吧！

（3）证券、保险、基金还有基金他儿子，你们要给银行老大跑腿可以，给我白纸黑字写清楚，白粉是谁的，要给谁的，抓到算谁的！

（4）其他拉拉杂杂的小额贷款公司、融资租赁、典当行、互联网、私募等小屁孩儿们，给我听好了，黑社会不是那么好混的，老老实实上你们的晚自习去！（作者：曾荣）

107 号文就相当于林则徐当年的虎门销烟，要给国民经济禁毒。从长远看，这无疑是一个明智和正确的决定，但是由于过去 5 年在 4 万亿的经济刺激下，吸毒人数众多，突然禁毒，恐怕相当一批人会毒发身亡。

总而言之，信托打破刚性兑付只是时间问题，因为它违背了基本的经济学原理，不是领导要求刚性兑付就能做到的，最终的决定力量一定是市场！

# 拷问名字很美的优先股

本节阐述了有关优先股的基本概念、主要收益模式等问题，其中重点阐述了优先股的预期收益率陷阱并得出结论，上市公司有可能通过账务处理的方式使得优先股的预期收益率无法达标，从而给投资者带来损失，这也是优先股是否能够带来 A 股市场牛市的重要制度问题。

随便翻查近期财经新闻，投资者们便可以看到关于优先股的争论非常多。新华社主管的《经济参考报》网转载的一篇文章《别拿优先股当重大利好》；网易财经转载的中国新闻网登载的《被迫修改优先股发行预案，广汇能源回购能力被质疑》；新京报关于首家银行优先股浦发银行的报道《浦发优先股被指优先补血银行：投资人权益偏少》。

此外，《解码财商》记者还在新闻报道中看到这样的评论《难产的优先股：由护盘利好变砸盘凶器》。究竟什么是优先股？它将给中国的资本市场带来怎样的震动，为何听起来很美的优先股，在财经记者眼中突然变成了洪水猛兽？

## 什么是优先股

2013 年初网络上到处都在讨论有关优先股的话题，尤其是在中国 A 股熊了五六年后，大家迫切地需要优先股作为一个重大利好给中国股市带来牛市，那么什么是优先股？优先股到底有什么好处？它真的会给中国的股市带来牛市吗？

首先来看股票代表了公司的所有权，股票的所有者其实就是公司的股份持有人，投资者购买公司的股票就意味着享有公司的一部分所有权，这个所有权在实际中被分为两个部分，一个称之为为收益权，一个称之为管理权。

收益权是说投资公司股份，当公司年底有了足够的收益之后，应该给予投资者一定的分红。管理权是说作为公司的所有人有权指派相关的管理层包括总经理、重要的高级管理人员等，如果管理人员达不到预期目标，可以将管理层解散另择贤能。

公司的经营是有风险的，对于普通的公司所有者而言，收益权和管理权其实是不可分的，既然参与了公司的管理，那就要承担管理不善的责任。所以普通股的风险和收益都是对等的，如果选择的管理层能力很强，到年底扣掉管理层的薪水和激励后剩下的都是所有者的。但是中国市场普通的散户几乎不可能参与上市公司的管理，公司的管理权主要在大股东手里，这些机构投资者拥有大量的股份，有权决定管理层的聘任和免除，也有权决定红利收益分配情况，这个对普通的散户来讲是不公平的，于是产生一种解决方法叫做优先股。

优先股其实就是将管理权和收益权进行分割，优先股的持有人可以获得收益的优先分配，但是不具备管理权。既然普通投资者购买股票的目的只是为了收益，并不想参与公司的管理，购买优先股就是一个非常好的选择。对于公司的实际控制人而言，只要支付足够的红利而不需要与他人分享公司的控制权。

最早一家发行 A 股银行优先股的是浦发银行，2014 年 4 月 30 日，代码为 600000 的上海浦发银行公布了优先股发行方案。该公司拟发行募集总额不超过人民币 300 亿元的优先股，用于补充公司资本。据了解，正在经历资本金煎熬的工、农、中、建四大行已将优先股列入议事日程，市场预计，银行优先股总额或破 3000 亿元。有齐鲁证券的分析师指出，银行优先股的方案"更利于银行补充资本，似乎给投资人的权益偏少。"

不过，在优先股方案发布后的两个交易日里，浦发银行股价并未得到提振，而是连续下跌，跌幅均为 0.31%。那么优先股究竟是利好还是利空？它能否得到市场的认可呢？

优先股的第一个优势是股息分配优先。就是说公司到年底赚钱之后分红，这个红利首先要向优先股的股东分，分完之后再留给普通股股东分。假如公司在优先股股东分完后剩不了什么钱，普通股的股东就很难获得足够的收益。比如公司年底赚了一百万，根据优先股的分配规则，优先股的股东分配 80 万后剩下的普通股股东就只能分 20 万。

第二个优势是资产清偿顺序的优先。万一公司破产，资不抵债，还有一点资产如房子、土地、机器，那要优先还给谁呢？应该是先给优先股的股东，剩下的再给普通股股东，假如还完优先股的股东之后已经没有资产，那普通股股东可能就会血本无归。

但是权力跟收益是对等的，既然优先股的股东获得了收益补偿，自然作为代价，相应的管理权限就要降低，比如优先股股东一般只有知情权。

从这个角度上说，优先股的股东更像是一个财务投资者而不是真正的公司所有人。优先股股东丧失了管理权利后，作为补偿需要一个比较固定的收益。所以从收益的角度讲，优先股其实更像是一个固定收益产品，这在学术中有一个专有名词叫永续债。从本质上讲，优先股并不是股票，因为缺乏对公司的控制权，只是获得一个固定的收益，更像一个债券类产品，并且是永不到期的债券。

先来看看美国的优先股情况，分析美国的历史数据发现，优先股的发行主要集中在银行、一些大企业如美林、高盛、房利美这样的大金融机构，这个跟中国的情况很接近。中国指数核心构成也是以银行、地产等大企业为主，它们是资本市场中胃口最大的一批，经常需要再融资，不停地从股民手中圈钱，但是却很少给予回报。

为什么大家都认为优先股可能会是中国资本市场的利好，主要有以下几个方面考虑。

第一能提高分红率。上市公司的控股股东持有的是普通股，当其中大量的股份变为优先股后，由于优先股只能分红，在这种情况下控股股东就有较大的分红意愿，这可能会带来更多的价值投资机会。

第二是优先股只能在交易所集中交易，对市场的冲击有限。中国市场的大小非主要集中在央企等一些大机构手中，这会给市场带来巨大冲击。但是如果其很多股份变为优先股的话则不用担心，优先股不是在普通的二级市场上交易，不会对市场的流动性产生影响。

第三能优化公司的结构治理。优先股的投资者一般以保险银行这些大机构为主，这些机构的引入会有效提高上市公司的治理质量。中国资本市场目前的主要问题是散户比例太高，散户往往追求价差收益，追涨杀跌，不注重公司的长期发展。海外的机构投资者，如以巴菲特为代表的价值投资者，更多的是参与董事会和管理层，直接影响公司的经营。机构投资者往往具有更长远的战略考量，不会简单地追逐短期效应，因此对公司的长期发展有更清晰的战略并有更长的耐心。

## 优先股的风险

前面讲了那么多优先股的优点，那么优先股的风险在哪里呢？

第一个风险叫做违约风险。优先股从本质上来说是一个类似于债券的产品。普通股如果违约的话，也就是说可能到年底无法获得收益，这个是没有问题的，因为普通股本身就是风险收益但是优先股是预先设定收益，最终没能获得收益的话，确实是有风险的，这个就是优先股股息的违约风险。当然从美国这么多年的经验来看，出现违约的概率极小，因为能够发行优先股的往往是资产比较优质的公司。

第二个风险在于优先股的流动性很低。普通股在市场中每天成交两千多亿，投资者如果觉得不行可以卖掉，但是优先股的市场容量非常小，当你需要转让的时候就会出问题。如果是公开发行的优先股，可以在证券交易所上市，流动性可能会好一点。如果是非公开发行的，一般就只能进行场外交易，这时候流动性就是一个非常大的问题。

第三个是优先股的升值空间很小。如果炒优先股的话千万不要将它当做普通股一样去玩，假如有重大资产注入，普通股有可能会连续涨三五个板。优先股不一样，因为它的收益是约定好的，就算公司有重大资产注入，优先股的股东也无法分享，只能拿固定的收益，所以优先股一般不太可能出现大幅度上涨的情况。

正是因为优先股的固定收益很多专家认为它有可能成为中国资本市场的一个重要支撑，但这恰恰就是优先股制度的一个重大风险，因为优先股的预期收益是不确定的。

我们假定公司 A 想融资一千万，有三个选择：第一发行债券，利率为 6%；第二发行优先股，股息为 8%；第三发行普通股，股息不固定。

发行普通股是非常麻烦的方式，如果是首发 IPO 的话，排队的流程非常长，或者已经上市的通过增发的方式也非常困难。相对来讲优先股和债券的方式要更简单些。我们来看一下这三种方式一年之后投资者的收益情况。

第一种情况：公司的经营业绩非常好，一年之后营业收入 5000 万，成本 3000 万，税金 500 万，则公司毛利润是 2000 万，净利润是 1500 万。

（1）债券投资者投入 1000 万本金，获得 60 万利息，那么最终收回的是 1060 万，这是从营业收入中支付的，营业收入 5000 万足以支付 1060 万，所以没有问题。

（2）优先股。收益是 80 万，从净利润中支付，公司的净利润是 1500 万，所以支付 80 万也是没有任何问题的，投资者的本金 1000 万可以通过优先股转让的方式收回，然后再获得 80 万的收益，这样收回 1080 万也没有任何的问题。

（3）普通股。普通股的股息在某些情况下是可以不用支付的，如明年再生产、再投入，今年就不分红，这种情况下，普通股的股东可能得不到任何的收益，但是普通股的股东可以通过股票买卖的方式收回成本和收益。公司的经营业绩好，股价会大幅上涨，投资者也会获得比较好的投资收益。

第二种情况：假定一年之后 A 公司的营业收入是 2000 万，成本是 1600 万，税金是 350 万，毛利润是 2600 万减 1600 万等于 400 万，净利润是 400 万减 350 万等于 50 万。

（1）债券。投入投资者本金 1 000 万，获得 60 万的利息，这个是从营业收入中支付，公司的营业收入是 2 000 万，足以支付这 1 060 万，所以债券投资没有问题，可以收回本金，也赚到足够的收益。假定他收不到，公司借债也要还，否则就会破产清算。

（2）优先股。收益率 80 万，而这 80 万是从净利润中支付的公司净利润只有 50 万，怎么办？那只能把 50 万全部支付给优先股股东。预期收益是 80 万，实际上净利润只有 50 万，那股息率只有 5%，因此优先股的股息是不确定的。

（3）普通股。50 万净利润全部支付给优先股股东之后，普通股就一分钱没有了，虽然股票可以卖掉，但股息肯定是没有了。

从上述案例我们会发现优先股中其实隐藏了一个很大的问题，它是股权，所以收益其实是不确定的。债权的收益是确定的，只要公司有足够的钱，哪怕借新债也必须还，如果还不上的话，债权人可以向法院起诉破产，因此对债券是一个强有力的约束。

普通股由于对未来有一个预期，只要公司的经营稳定，就算短期亏损，也可以通过几年的发展涨起来，换句话说普通股的股东更多的是雪中送炭，和创业者共苦然后最终获得一个长期收益。相比之下优先股的收益很低，不能享受普通股的预期大幅上涨带来的收益，又不具备债券那样强有力的约束。约定收益率其实很可能是不靠谱的，特别是中国的上市公司完全可以通过财务作假将盈利做成亏损，从而不再支付优先股的股息。

## 谁是优先股的投资者

优先股上市之后谁可能成为优先股的投资者？是普通散户吗？我认为可能性非常小，优先股几乎没有什么波动，没有波动的股票大多数人是不喜欢的，因为散户主要是赚价差收益，他们比较喜欢小盘股，尤其是波动比较大的小盘股可以高抛低吸。所以优先股的投资者应该是一些战略机构，比如银行、券商和保险。

但是银行可能也不会对优先股有很大的兴趣。首先资产收益率不高，只有 7%到 8%，但是却要用百分之百的风险权重，并且最大的一个问题是优先股不能带来任何的存款，投入优先股的钱就卡在里面了，另外约定的收益率还不一定能够兑现。这种情况下银行还不如做同业资产，或者把钱贷给某个企业再要求对方将相关存款存进来，形成一个存款回转的情况。所以优先股作为投资品种对银行可能不具有很强的吸引力。

券商本身的投资规模有限，而且有太多的机会去寻找比优先股更好的投资产品，比如城投债、信托。同样的风险收益，城投债和信托比优先股高很多，因为优先股的发行机构主要是银行、券商这些大机构，信用等级比较高，它们无法提供比较高的收益水平，能够给到 7%、8%已经非常不容易。而对于城投债和信托一些资质较低的发行方而言，可以给出10%到12%这样的一个收益率。

人寿保险公司的久期比较长，寿险资产基本上都是长线资金，持有十年、八年对它们来讲没有什么问题，所以寿险机构应该比较愿意配置优先股这样的资产。

综上可以看出优先股虽然名字上叫优先，其实上并不是一个很优质的投资品种，表面上看收益率比较稳定，但是背后隐藏着很多的风险，这也是美国这么多年来优先股一直没有得到大规模发展的一个原因。国内试点的初期可能会有一些保险机构配置，但是由于对普通投资者有限制，优选股更多会以定向发行的方式，定向发行的结果就是流动性非常差。因此优先股的投资者目前只能以寿险公司为主，这样总体规模是很难做大的。

## 优先股的未来

优先股是个舶来品，尽管在其发源地美国，有着近百年的历史，却并未得到大规模发展。美国的优先股最早是为美国铁路融资而发行的。但直到上世纪90年代初规模也只有500亿美元左右，2006年为2000亿美元左右，目前约4000亿美元。现在美国股票市场总市值已经超过20万亿美元。优先股的占比还不到2%。与普通股相比，优先股的占比非常小。

2008年金融危机，美国政府动用了将近1300亿美元购入摩根大通、花旗等数家银行的优先股进行救市，否则优先股比例将更低。优先股在美国只是一种应急融资工具，用于对企业进行危机救助，一直以来并没有大的发展。

优先股不是一个很好的投资品种，那它在市场中起的作用是什么？在国外，优先股起的作用是救命钱。当很多企业面临重大危机的时候，短期急需融资，但是很多融资渠道都被阻隔，这时候优先股就成为唯一的救急模式。

一般来讲企业有三种融资模式：银行贷款、发行债券、发行普通股，当出现重大危机时，比如2008年高盛出现危机，这时候指望商业银行提供贷款已经不可能。如果发行债券的话，在危急时候公司的债券评级会大幅度降低。2008年金融危机的时候，房利美的评级被极大地降低后，很多机构不但不能够配置债券反而要赎回债券，这种情况下债券融资渠道也基本上被堵上。

普通股的增发需要监管层的批准，流程会非常慢。美国跟中国的情况差不多，增发股票是一件很麻烦的事情，在急需用钱的情况下，可以通过优先股的方式进行短期融资。2008年高盛通过优先股向巴菲特融资50亿美元，就是一个典型的案例。

综上，优先股本质上是企业急需用钱时的一个短期融资通道，也是优先股为什么在美国不会得到大规模发展的原因。我们将优先股移植到中国，期望它给中国带来大牛市，我认为短期来看效果微乎其微。对中国这样一个造假比较流行的市场，上市公司通过各种造假使得优先股的投资者最终血本无归也是有可能的。因此优先股能否对中国的上市公司治理有所帮助，能否给投资者带来真正的实惠取决于监管层对优先股出台的一系列配套政策。完善健康的制度和市场能使优先股真正成为价值投资者的福音，让发行优先股的上市公司积极主动地提高分红率，这样才会真正吸引更多的投资者进入，这也是中国股市能够长期稳定发展的基础。

# 打新股用绝招

2014 年新的 IPO 规则出台后，打新股成为了一种稳赚不赔的交易手法。新的 IPO 规则使得新股定价、新股首日价格都得到极大地控制，由于市场的力量，低估的新股必然会打开未来的上涨空间，所以积极参与新股、利用制度来增加新股中签率，炒新是一种低风险、高收益的投资模式。

## 打新股开闸

2014 年 7 月 3 日一早，A 股刚刚开盘，当天上市发行的白酒企业今世缘，再次因 44%的涨幅受到监管层的限制而无法买入。市盈率只有 12.54 倍、发行价 16.93 元的今世缘酒业股价上涨 7.45 元，一举进入 20 元股票行列。自 6 月 23 日飞天诚信上市以来，A 股已经迎来了 8 只凶猛的新股上市，个个受到资金追捧，开盘全部封住 44%的新股限制价位，而且在接下来的一周左右时间，继续以 10%的涨幅领跑。中签新股便等同于中了彩票，难怪市场都说打新股而不是买新股，因为新股市盈率和中签率很低，买是买不到的，买是估价格，打是撞运气。

“打”这个字，确实形象地体现了中国股民 22 年来的新股征程。1992 年上海申银证券公司的门口，大批的人在冒雨参加 5 只新股的发行。据说当年一张 30 元的新股认购证，最高时被炒到了 3000 元。从那个时候开始，中国股民就早已深谙“打新不败”之道。2014年3月21日，证监会再度修改新股发行方案，通过多种手段增加新股在网上发行的比例，以利于散户申购。有网友高呼：下半年的赚钱机会就是打新股了，且打且珍惜。

2014年新股开闸之后市场上反响热烈，参与打新股的投资者不亦乐乎，那新的IPO规则对打新股有什么帮助？在新规则下应该怎么打新股？新的IPO规则实际上起到三个效果：第一抑制打新基金，第二抑制首日涨幅，第三抑制发行价。

新规则增加了很多规定，比如参加网下配售，必须要持有一千万以上的股票市值，这就意味着那些纯粹打新股的资金面临门槛限制。之前市场上有一股资金什么都不干，专门打新股赚无风险收益。现在要求必须持有一千万以上的股票市值才能参与网下配售，网上配售也必须要买入一定股票对应地给你配售机会。这样资金利用率降低，只有一部分的资金可以打新股，而另外一部分不得不买股票，买的股票存在下跌的风险，可能打新赚的钱还不足以弥补股票下跌带来的亏损，这样使得纯打新的收益率大大降低。管理层的目的是希望投资者不要纯打新，来股市应当出于长期投资，而不是赚取市场价差。

抑制发行价使得发行价高起、大面积超募的情况已经很难实现。上市公司上市圈钱自然是价格越高越好，超募得越多越好，以前的发行方式使得上市公司尽可能地想办法多募集钱，现在在新规则下就比较困难。

以前的新股发行方式对首日的涨幅并没有太多的限制，现在进行相应控制使得新股上市首日大面积上涨的可能性变得比较小。

监管层之所以这样做，就是希望来股市的主要是一些长期投资资金，而不是剪羊毛的那批人。以前中国的新股被称为A股市场中的绿洲，不管二级市场股票跌得多么惨，新股总是能赚钱的以前有一个说法叫打新不败，这样会形成一个不好的效应，致使越来越多的资金从二级市场抽离转到一级市场，这对股市的发展非常不利。

下面跟大家分享一些有关打新股的技巧。

## 打新股技巧

全民打新，盛况空前。证监会的统计数据就是最好的实证：2014 年6 月 24 日，在 6 只新股发行期间，参与申购的投资者二级市场净卖出金额相当于 6 只新股申购资金 5639 亿元的 6.3%，即 355.26 亿元。355 亿元的净卖出额对 A 股市场的影响是显而易见的。一周之内，沪指大跌 2.13%，A 股市值蒸发 6338 亿元，投资者为打新而出售此前持有的股票对大盘的影响可见一斑。与打新热情相反的是六家新上市公司公布的网上中签率：龙大肉食的中签率为 0.8325%，雪浪环境为 0.4577%，飞天诚信为 0.5442%，联明股份为 0.4365%，依顿电子为 0.5600%，莎普爱思为 0.7623%。综上，6 只新股的网上平均中签率还不到 0.6%，远低于年初 48 只新股平均 1.75%中签率。

千分之六的新股中签率堪比中彩票，让散户一时乱了阵脚。那么在新规则之下究竟该怎样“打新”才能提高中签率，获得高收益呢？

第一个技巧叫做回避热门股。那些热门的股票比如中小板、TMT 这类走势非常好的股票，追逐新股的资金很多，因此中签率很低。所以对于热门股票，建议尽量规避，打一些冷门股好歹先中签再说。在现在这种新股发行制度下，新股出现破发的概率比较低，应该以提高中签率为第一目标。

第二个技巧是选择后发股，避开先发股。一周内有很多新股，投资者出于打新的热情，一般都会参与前面几天的选择，但是由于资金的流动性问题，等到周四、周五的时候，很多人的资金用完了，这样就使得周四、周五打新可能会有较高的中签率。

第三个技巧是集中资金打大盘股。因为小盘股这段时间过于热门，很多人进入追逐使得小盘股的中签率很低。所以应该反其道而行之，选择大盘股。数据表明大盘股的中签率比小盘股高，虽然它的涨幅不大，但先把股票拿到手是第一要务。

第四个技巧是注意下单时段。因为一只股票只能下单一次，所以不同时段的中签率是不一样的。早上刚开盘的时候大家都很热情，交易量特别大。十点半以后交易就比较清淡了，这时候参与下单的话，成功率、中签率也会高一点。

第五个技巧是想办法提高参与打新的资金。因为资金量越大，中签的保障可能越高，小账户可能很难中签。

第六个技巧是通过一些基金参与打新。现在市场上有很多专门打新股的基金，一百万的账户和一个亿的账户打新的中签率肯定不一样，而且大规模的新股资金有专业操作团队，交易系统也好，所以成功概率会比散户高许多。根据历史经验，很多打新基金的年化收益率可以做到 10%甚至15%。有一种打新基金通过分级方式做成结构化产品，银行配置优先资金，劣后端的投资收益率可能会有 20%甚至更多。不妨去申购一些打新基金的劣后端，或许会获得一个比较高的收益。当然基金劣后端的风险比较大，有可能打新收益不足以覆盖资金成本。

第七个技巧是利用融资的杠杆买股票。因为打新之前账上必须有一定的股票，如果用自己的资金去买的话，资金占用率比较高，这时可以通过融资的方式购买股票，其他更多的资金用于打新，这样可以提高资金利用率。

通过以上的这些技巧,可以在一个比较大的概率上提高打新的中签率。

## 打新股的风险

打新股赚钱是投资者最关注的事情，那打新股有风险吗？过去熊市的中确实出现过新股破发的情况，但是2013年年底的时候，大盘在2000点附近，我认为打新股破发的风险非常小。

第一，2013年低的点位本身就比较低。相对于2007年的顶部而言，上市新股的发行价泡沫也被挤得差不多了，发行价不高。第二，新的发行制度本身就抑制了发行价，在这种情况下首日破发的概率很小。由于新股的中签率比较低，如果打新没有中签的话就意味着这三天的资金将一无所获；另外为了参与打新必须持有一定市值的股票，如果购买的股票价格暴跌的话，就意味着会产生额外的风险。

打新不易，去二级市场炒新怎么样？因为新股较低的市盈率，分析师们纷纷预计个股价格后期涨幅必将很大。2014年6月26日，龙大肉食、雪浪环境、飞天诚信三只新股上市交易受到资金热捧。不过，从当日的成交量和换手率来看，真正买到新股的幸运儿并不多。但资金显然不甘心成为“看客”，开始围绕次新股、新股影子股以及相关题材概念寻找突破口，市场做多热情明显升温。

南方基金首席分析师杨德龙说：“一方面是‘打新’太难，持有新股的机构肯定会存在惜售心理；另一方面，没有打到新股的机构也会在二级市场上抢购新股。这两方面原因均将导致新股遭爆炒。”上述的三只新股，在接下来的数个交易中，每天继续以涨停报收，且均在开盘时段便有大单封在10%涨幅的位置上，所以打新不易，可以继续在二级市场中炒新，享受新股盛宴的下半场。

一段时间后大家会发现打新的预期收益率没有想象中的那么高，我这里倒是建议大家参与炒新，因为市场的价格一定会回归。目前的发行制度其实是人为地压低了新股的发行价和首日涨幅。新股整体发行泡沫比较低，且中国的股市在未来一段时间内逐步走牛的概率比较高，因此新股补涨的可能性是比较大的

当然买新股要考虑到哪些新股可能会获得比较高涨幅的，这跟打新恰好相反。打新中签率越低的股票，比如中小盘股、热门股票未来上市之后涨幅可能比较大。投资者可以完全在首日买入这些股票，等待补涨的到来。那些容易中签的蓝筹股，未来涨幅可能会比较小，因为大家觉得它不是一个好的标的，选择的人少，未来涨幅也会比较低。炒新要炒热门的新，打新要打冷门的新，基本上就是这样一个原理。

当然了也不是说所有蓝筹股都不能做，对于那些低价的、估值低的、业绩比较稳定的还是可以适当配置一些。

另外一种方式就是借助基金的力量去炒股，我很少推荐基金，但打新基金我是比较看好的。因为打新对基金经理的投资分析能力要求很低，更多的是集合资金产生效应。

总的来说，资金量越大，中签的概率越高，所以一个百万的个人散户和一个亿的打新基金结果完全不一样。打新不是一个技术活，更多是跟资金量有关系。其次资金量大的打新基金可以覆盖多只股票，个人投资者也就打个两三只，精力有限，资金也不够，结果就跟买彩票一样。打新基金有专业的能力还有专业的团队，其整个交易系统比散户要快很多，有投研团队做支撑。

另外打新基金具有跑道优势，一般打新基金都是通过基金专户的方式接入交易所。基金专户走的是专用席位直接对接交易所，而普通的散户是通过经纪席位，走的是券商的跑道，速度方面自然要差了很多。

这次打新要求一定要有底仓，这些底仓可能会带来风险，那应该怎么配置底仓呢？如果想降低波动率，可以多配一些蓝筹股，过去一段时间银

行股涨得很多，相当大的原因是打新资金配置了它们，银行股比较稳定，作为底仓配置是比较合适。或者干脆买一个指数基金，然后转换成一篮子股票之后对冲股指期货，这样没有风险，缺点就是需要多浪费一些资金用于做空股指期货。当然中间会赚一个分红的收益，底仓一年大概有 4%、5% 这样的分红收益，这就是底仓配置的方法，仅供参考。

总而言之，在新的 IPO 规则下，打新如果中签的话，个人建议是持有而不是抛掉。因为新股的规则使得发行价被抑制，首日涨幅被抑制，从长期的配置来看，这些股票未来都可能有一个较大规模的上涨，尤其是一些中小盘股票，本来就很难中，为什么要抛掉？对一些比较容易中的蓝筹股，因为长期上涨的概率比较低，可以考虑中签之后抛掉。

# 房地产下跌后的财富管理

本节首先从楼市下行的经济学原理入手，阐述了资金对优质资产追逐的特性，然后讨论了未来楼市资金挤出后，带给国内财富管理行业的机遇，其中优质的交通枢纽城市的房地产、对冲基金行业、大类资产配置等将成为这些资金未来的流向。

## 楼市下行原理

2014年开始，中国的楼市出现明显下行的特征，全国各地的房价都在普遍下跌，对应的是中国的股市开始逐步上涨，很多人就在讨论：楼市挤出资金会进入股市吗？楼市的泡沫是否已经破灭，还是说只是一个短暂的回调呢？

首先来看一下中国的楼市有没有泡沫？实际上这个话题已经被说烂了，有很多著名的经济学家很多年前就在唱空楼市，但是很遗憾，楼市越唱越高。那么到底是为什么呢？很多人说是因为货币超发，确实有货币超发的因素在里面，但实际上更多的是中国过去很多年经济的成长带来的楼市火爆。至于楼市的泡沫程度，我认为北上广这样的一线城市，尤其是市中心的泡沫算比较低的，真正的泡沫集中在三四线或者说是五六线城市。

当越来越多的楼盘加入到降价行列，投资者对楼市的信心也在进一步被蚕食。近日，交通银行金融研究中心发表最新报告称，在政策、资金、供求和预期等因素出现明显转向的共同作用下，楼市调整还将持续，房价下行还将持续。更早一些时候，经历数度地产风云变幻的李嘉诚先生，提前对其楼市资产进行了布局，大面积清空其在内地和香港的物业。

王石第一时间在微博上提醒业界说："这是一个信号，小心了！"并用"非常不妙"来表达其对 2014 年楼市的观点。在 2014 年的亚布力论坛上，一向看多中国楼市的任志强也终于松口，称"今年房价涨幅将大幅度下滑"，而社科院副院长李扬也是语出惊人，他说："房地产行业问题突出，金融部门已经在对未来可能的下跌做准备。"风光了十多年的中国房地产市场正悄然发生着变化，大量资金从中撤出，可是出逃的资金究竟会流向哪里？会流向处于低位的 A 股吗？网上甚至有观点认为，中国 A 股或许将因此得救，大牛市近在眼前。

楼市的发展态势符合一个最基本的经济学原理：马太效应。所谓马太效应，用一个通俗的说法讲叫强者恒强。为什么北上广的楼市价格越涨越高，很多人觉得北上广的房价太高了，应该跌，可它就是不跌。那一定是因为有市场需求，绝不仅仅是腐败或者超发。北上广这种一线城市，尤其是市中心的房价背后隐藏着很多资源收益，即机会收益，比如市中心房子周围的医院、学校都是很好的，交通也非常方便，社区银行、超市应有尽有，生活的便利性是那些郊区的房子远远不能比拟的。

我有一个朋友的房子是在中国人民大学边上，离人大附小非常近。那边的房价开出 20 万一平米都不会有人卖给你，要知道北京金融街 10 万元一平米算是比较贵的，人大附小边上的房子为什么这么贵呢？朋友告诉我很多国家领导人的孩子都在人大附小读书，假如你的孩子从小就是某位领导人孩子的同学，这样的资源该值多少钱？它是钱能买得到的吗？这样的学区房怎么可能跌呢？所以不要光看到市中心的房价贵，那是因为它背后隐藏着更多的资源。

三四线城市的房价不行是因为它的机会收益很少，没有好的大学，没有好的医院，年轻人没有好的就业机会，当然会向北上广这样的大城市涌，哪怕是北京、上海的拥挤和雾霾也挡不住年轻人的步伐。中国的房价确实有泡沫，但最大的泡沫在那些没有涨得很高的三四线城市，因为大量年轻人会逐步地向大城市转移，这是一个不可阻挡的经济规律。

## 楼市资金出路

2014 年中国的房价总体上走势放缓，个别城市的价格开始下跌，很多人会关心这个问题：楼市下跌之后大量资金被挤出，会不会产生一种挤出效应呢？挤出效应指的是资金从一个领域转到另外一个领域的过程。确实房地产中的很多资金会被挤出，但挤出之后就一定会进入股市吗？

资金被挤出后会流向哪里，并不取决于资金有没有被挤出，而取决于资产的质量。未来有哪些资产是优质资产呢？

我认为第一个优质资产依然存在于房地产市场，尤其是那些精品的房子，比如北上广市中心优质学校附近的房子，好的医院边上的房子，金融中心的房子，它们很难下跌，甚至会成为资金的避风港。当经济走向衰退之后，更多的资金会涌入到这些最优质的资产里面去。而三四线的或是农村的房子会被大量抛售，因为那些是劣质资产。

未来十年全球将再次进入铁路时代，尤其是高铁时代。如果有一天中国的高铁通向欧洲，这会带来中国经济的一个重大变化，因为运输不再仅限于海运。一船货物从上海出发，到达英国伦敦或者德国的话需要一个月的时间，但是如果换成高铁，只需要三四天的时间，极大地提高了运输效率，降低了物流成本。

毫无疑问，高铁路线上的枢纽城市会迎来重大的发展机遇，如武汉、重庆、西安、郑州等。这些城市的房价，我个人相当看好，从长期来看依然有升值潜力，而且这些地方的房价现在不贵，是优质资产。

第二个优质资产肯定是股市。我坚定看好中国股市，从2014年开始中国可能会开启一波十年的大牛市，但是股市涨并不代表所有的股票都会涨，这是一个结构化的牛市，那哪些股票会涨？我认为以创业板和中小板代表的新兴产业会获得一个长期的发展机会，

尤其是那些与新兴产业有关的。

1. 环保产业。中国的环境资源压力已经到了竭泽而渔的时代，中国的环保已经不再是一个经济问题，而是上升到一个政治问题，未来中国政府一定会加大环保投入，与环保相关的公司一定会受益。

2. 新能源行业。全球的发展中能源工业一定是核心。能源最重要的存储方式就是石油和煤炭，但这样的资源总有耗尽的时候，所以需要加紧开发可再生能源。过去几年中国的光伏产业发展非常快，未来储能电池、超级电容技术大规模应用后，太阳能将被广泛用于中国的能源行业，与整个新能源相关的产业我非常看好。

3. 医疗行业。中国已经步入老龄化时代，随着越来越多的老人关注自己的生活质量，那么与健康医疗相关的，如医疗设备、医疗资源，以及现在很火热的可穿戴计算等一定会得到较大的发展。

传统的银行、钢铁等行业我是不看好的，很多人可能会问银行的收益率那么高，分红率也高，为什么就不涨呢？股市的成长看的是变动，而不是它的绝对值。一个正在变好的公司才会得到追捧，而一个已经变好的公司未来只会走下坡路。投资股市投资的是未来成长性，而不是当季的分红。

第四个优质资产是对冲基金领域。过去两年以量化投资、对冲基金为代表的产品得到市场热捧，很多期货公司、券商都在发量化对冲产品，这种产品的特点是收益率不高，也就 10%～15%，但基本上都是赚钱的，非

常稳定。传统的股票型投资，大盘跌的时候所有的股票都会跌，所以无论你怎么分散风险，都很难保证股票组合每年都盈利。但是我通过对冲股指期货，完全可以做到每年都盈利，非常稳定。对于高净值客户而言，最需要的是这种稳定的配置，有一句话说得好，叫做“穷人要搏命、富人要稳定”。假如说你有一个亿，一年赚10%就是一千万，非常令人满意的收益，你有什么必要冒着输光的风险去赌翻倍收益呢？那么只有穷人希望赌翻倍、十倍这样的东西，我们会发现买彩票的绝大多数都是穷人，富人很少买彩票。所以在学术界彩票有一种说法叫做穷人税，因为彩票是穷人的最爱。

## 对冲基金爆发

随着富裕人群的增长以及第一代民营企业家的逐渐老去，家族财富管理正成为这群人最关心的问题。瑞银《2013世界超级财富报告》显示，中国境内资产净值超3000万美元的超级富豪达1万多人。财富管理、财富传承、避税等已经成为这些超级富豪们普遍的需求。李嘉诚、李兆基、邵逸夫、杨受成等多数香港家族财团都已经成立了家族信托基金，潘石屹、吴亚军、张茵等超级富豪们也早已通过家族信托管理家族财富。由于家族基金的私密性特征突出，要在中国了解到这些基金的运作模式并不容易，中国的家族基金正在摸索中低调潜行。因此在房地产市场下滑的形势下，不排除某些财团会将大额资金撤出，成立自己的家族基金，此类基金不仅可以实现财富的保值、升值，更能兼顾企业发展、家族继承等现实问题。

过去十年美国大量的高净值客户、大量的机构资金客户如养老保险资金、国家主权基金都进入到对冲基金领域，规模迅速增长。中国过去一年也非常明显地看到这种情况，基金公司和券商发行的量化对冲产品比较容易获得认购。

未来十年中国经济放缓后，高净值客户越来越多，他们需要一个稳定的保值增值渠道。过去几年重要的渠道就是信托，而信托背后本身还是房地产，如果房地产放缓的话，很多三四线城市的信托产品会出现打破刚性兑付问题，大量高净值的客户出于风险的考虑，会愿意更多配置对冲基金产品。

2014 年新的《证券投资基金法》规定基金经理可以自己以私募基金的方式合法募集资金。高水平的投资经理有了发挥自己的机会。真正高水平的投资经理并不希望去做公募基金，因为公募基金面对着几万甚至几十万的散户，每一个额度都非常小。为了维护这些客户，沟通成本非常高。高净值客户一般都是成熟的投资者，能够忍受一定时间的亏损，也非常好沟通。所以海外最优秀的基金经理都是在打理对冲基金或者家族基金，一个家族直接给一百亿、两百亿左右的资金，这么大规模的一笔资金是不可能只做股票的，必须做好全资产配置。因此真正优秀的基金经理是做资产配置，而不仅仅是做交易。做交易的基金经理有点像游击队里的神枪手，做配置的则是集团军的大元帅。

未来十年，我相信中国的财富管理市场会得到极大的发展，从楼市中挤出的相当一部分资金会转到以对冲基金为核心的财富管理行业。当中国的财富管理行业里面都是大量的优秀基金经理后，钱一定会过来。

## 大类资产配置

说到资产配置，很多人认为这是比较遥远的事情，其实不然。不管你的资产是多是少依然要做好相关的资产配置，否则一旦出现意外的事件，可能会迅速进入赤贫状态。资产配置最关键的就是资产之间要尽可能地不相关。所以一定要在不动产、流动资产、长期资产、短期资产、风险资产和低风险资产之间做一个相关性组合，使得这些资产尽可能独立。

相关性的分析是资产配置中重要的一步，当然这里面涉及较为复杂的数学工具，怎么去算资产之间的配比，怎么去做相关性组合，如何安排资金的流动，怎样进行资产之间的合法的避税等，这些需要专业团队处理。

未来中国财富管理行业对能够做资产配置的人的需求非常高，他们的薪水一定是以天文数字出现。过去一段时间有大量海外人才进入该领域，中国本土也有大量的从公募基金、券商资产管中出来的人，包括民间高手都在逐步进入这个行业。未来出现中国的西蒙斯、达里奥也是一件完全有可能的事情。

中国楼市的黄金十年已经结束，未来十年就算不跌也只会是平稳增长。过去一段时间房地产市场出现了明显下行，很多专家都说由于政策的影响，中国的房地产开始出现拐点。这点我是不同意的，政策从来没有真正影响过中国的房市。楼市调控了十年，房价涨了十年，那是因为中国经济正好赶上一波高成长。而现在中国的宏观经济开始减速，就像一个人到了 30 岁后身体机能也逐步下降一样。中国经济的青年时代已经过去了，因为资源耗尽了，空气不行了，水不行了，特别是人口红利的结束。生育率的大幅降低，致使中国的人口逐步减少的，没有后续的劳动力供给，怎么能够推动房地产的需求呢？现在的 90 后和 00 后，一生下来就有房子，他们对房子的需求逐步减弱，这才是中国房地产开始走下行的真正原因，经济的周期到了，绝对不是政策，政策只不过是压垮骆驼的最后一根稻草而已。

我认为未来资金肯定会从房地产行业中挤出，但绝不会只挤到股市来，因为股市已经不再是唯一的投资市场。现在的投资品种非常多，有债券、基金、对冲基金、大量的财富管理产品可供选择，所以未来的股市会分流一部分从房市中挤出的资金，但绝对不是全部。

# 期权产品

本节介绍了期权的基本概念，包括行权价、行权方式等问题，然后阐述了国外主流的期权投资策略，如做空策略、黑天鹅策略等。对于国内投资者而言，利用期权来锁定下行风险、赚取套利收益是未来的重要投资模式。

## 期权概念

2015 年 2 月 9 日对于中国资本市场来说，是一个具有划时代意义的一天。这一天上证 50ETF 期权正式上市，从此中国资本市场有了期权这一金融衍生工具，完成了股票、期货、期权的闭环，金融生态环境彻底改变，金融产品创新将进入飞速发展的阶段。

什么叫做期权？期权是一种选择权，英文名字是 option，也就是说在未来一段时间内对某一标的资产进行买卖的权利，买方支付一定权利金之后未来能以约定的价格购买标的资产。当然，如果到时候买方觉得不合适可以放弃该权利。

这个听起来很复杂，可以先看一个案例。你要买房子，找到了一个很不错的房子，但是身上没有带足够的钱，于是你跟房东约定付三千块钱定金，三个月之内一定以 20 万购买。三个月之内，你一直有以 20 万的价格买入的权利。假定你忽然发现猫王曾住过这个房子且房价飙涨到 100 万，但是由于房主跟你签订了协议，他必须以 20 万元卖给你。房价 20 万加上三千元的成本，你以 100 万元卖出去就可以赚到 79.7 万元，这是第一种情况。

第二种情况，你仔细考察后发现这个房子里面有很多白蚁，质量也很差，于是决定放弃购买。那么这时候你损失了三千元的权利金，但是避免了房子可能崩塌的损失

这个案例体现了期权的两个重要特征：对于买方而言它是一个权利，对于卖方而言需承担义务。

另外期权与某一标的资产对应，是一个衍生产品，期权市场中的标的资产往往是股票、指数或某一个组合。

期权是华尔街推出的一种复杂的金融衍生品，在风险管理和对冲交易中起很大作用。在实际操作中，分为看涨和看跌期权两种。股票的投资者往往只能被动等待股市朝着希望的方向动，而如果善用期权，投资者就可以主动对冲风险或锁定收益，高位出货。

期权是一个很有趣的东西，付出很小的权利金就可以博一个比较大的波动，正是期权这样的优势，使它成为国际大玩家的最爱，下面来看看国际的大潮家是如何利用期权锁定收益的。

## 期权投资案例

### 案例一：巴菲特借期权抄底

当股市出现大幅震荡，特别是大幅度下跌的时候很多人会去抄底，大

多数人的方法一般是买股票或者杠杆基金，但是杠杆基金的波动率比较大，并不是一个最好的方式。先来看一下当时巴菲特是怎么妙用期权去抄底可口可乐的。

1993 年 4 月份的时候，巴菲特当时判断可口可乐跌至 40 美元，认为这个位置可以抄底，于是他以 1.5 美元的价格发行了 500 万份当年 12 月 17 日到期的执行价格为 35 美元的认沽期权。该期权的买方拥有一个权利：以 35 美元的价格把可口可乐卖给巴菲特。

假定到期之后，可口可乐的价格没有跌下来，这时候投资者没有意义再以 35 美元价格卖出去，巴菲特将白得 750 万美元。假如可口可乐跌到 35 美元以下，投资者可以行权，但是由于有 1.5 美元存在，所以真正的行权价是 33.5 美元。当可口可乐跌破 33.5 美元时，大量投资者会以 35 美元的价格卖给巴菲特。对巴菲特而言好像是亏钱的，但他本身就想不断增持可口可乐，涨上去白得 750 万美元，要跌下来就增持，无论涨跌，巴菲特总是立于不败之地。

**案例二：黑天鹅投资**

有一本讲述小概率事件的书叫《黑天鹅》，作者是华尔街期权怪杰塔勒布。他讲述了这样一个道理：在澳洲发现黑天鹅前，人们都以为天鹅只有白色的。塔勒布认为黑天鹅的发现，显示出人们的观察和经验有严重的局限性。同理，那些金融界的投资大师们早晚会被随机性打败，小概率事件的突然发生会给他们致命一击。塔勒布曾在美国芝加哥交易所担任期权交易员，他用实际生活中无数次的“黑天鹅”事件获得了巨额回报。

塔勒布最让人津津乐道的是不断地买入低价的卖方期权来做空美国股市，等待“黑天鹅事件”的发生。最终，他等来了这只“黑天鹅”，当恐怖分子劫持飞机撞向纽约世贸大楼，美国股市落入万丈深渊之际，塔勒布却依靠买卖期权斩获了巨额收益。2001 年，他荣登“金融衍生品交易战略名人堂。”塔勒布在书中说：“我们虽然无法避免随机性，但我们可以学着接受并利用它”。这便是期权的魅力所在。

这种小概率事件，从数学的角度上来讲属于概率分布的一个尾部区域。虽然尾部区域的数值很小，但尾部的概率其实要比正常的分布要大很多，用句通俗的话讲就是“黑天鹅”比我们看到的要多很多，因此产生了捕捉黑天鹅的策略。

传统的投资主要是捕捉大概率，投资者之所以买某只股票是认为上涨的概率很大。塔勒布泽认为市场上的小概率事件更有赚钱的机会，他认为黑天鹅的特征是意外性，可能十年才会发生一次，但是只要发生了，冲击力就特别的大。

例如通用汽车当时价格是 100 美元，那么发行卖出价格为 5 美元的期权，大家觉得这可能很疯狂吧，100 美元怎么会迅速跌到 5 美元呢？这种期权的价格是极为便宜的，一旦如果出现意外，你就会赚很多。由于大家认为通用汽车暴跌的可能性非常小，所以这种看跌期权的价格就极为便宜，但是出现金融危机后，通用汽车的股价迅速暴跌，该期权就会出现几十倍，甚至上百倍的涨幅，这就是典型的赌黑天鹅的交易方法。这种赌小概率的交易方式，有点类似于买彩票，反正就是用小钱玩玩，万一给蒙对了，就是巨额收益。只要黑天鹅事件出现的话，用期权作为投资标的，投入很少，收益很大。

期权这种金融衍生品还是有风险的。我们来看一位中国投资者在美国股市中炒作特斯拉期权亏损的真实案例，希望能给进场炒作 A 股期权的中国散户以警示。这位投资者在特斯拉股价牛气冲天时，认为其股价将一路上涨，便陆续买入 99 手、一个月到期的特斯拉看涨期权，看涨该股会到每股 200 美元，每份期权买入价是 5 美元。但几天后，在西雅图高速公路上，一辆 Model S 特斯拉由于碰撞不明金属物起火，特斯拉突然遭遇了黑天鹅事件，再加上美国经济令市场惴惴不安，不到一个月，特期拉的股价从买入期权时的每股 194 美元跌到 160 元。该投资者最终将成本价摊低到每份 1.85 美元的 99 手期权，以 0.01 美元卖出。该笔交易亏损约 2 万美元，折合人民币十多万元。某种意义上讲，这位投资者看错了特斯拉股票未来的走势方向，从而导致亏损。

期权是一种衍生品，和市场上的股票、期货有很大的区别，期权的收益是非线性的，而股票和期货是线性收益，比如买股票，标的股票涨了一百元钱，我们就获得了一百元的收益。期权挂钩的股票涨了一百元，期权的收益可能不止一百元，也许是五百元、一千元等。另外一个区别就是期权有很多个合约；股票其实只有一个合约月，期货的话无非就是当月、下月、下季等不超过十二个月份的合约；根据不同的敲定价格，期权还有不同的期限，所以同一个标的资产可能会产生几十个甚至上百个期权。

正是因为期权具有以小搏大的特点，国内的投资者对期权的推出都非常的期待，传统的投资方式一年能有 10%到 15%的收益就相当不错了，但是期权可以用小钱去赌一个翻倍的收益，有点类似于买彩票奖，这就是黑天鹅策略的关键所在，所以当塔勒布找到这个方法之后，解散了所有的团队，每天就用小钱去赌，终于在 911 事件的时候他赚了一大票。

前面通过两个案例介绍了期权的一些常用方法，现在再深入地看一下期权有哪些投资方式。从期权的方向上来看主要有看涨期权和看跌期权两大类。看涨期权就是期权的买方有权按照某一价格买入证券，期权的卖方有按照某一价格卖出证券的义务，即如果你对未来的趋势看涨的话可以买看涨期权。跌期权是指期权的买方有权在某一价格卖出证券。以前看跌股票的话只能先卖出，然后再低价买回来，中间的价差是没有杠杆的；有了期权之后可以先买入这样一个看跌期权，如果标的资产真的下跌的话，看跌期权价格可能会出现大幅度的上涨。从这个角度上来说，看跌期权有点类似于融资融券中的融券，但是它的杠杆要比融券要大很多。

从行权方式进行划分，主要有欧式期权和美式期权这两种，欧式期权只有到期日才能行权，美式期权则在到期日前某一段时间内都可以行权，目前欧式期权相对多一点，主要原因是欧式期权比较简单，并且价格比较便宜，美式期权则复杂很多，对应的期权费也比较昂贵。从产品形式上来看，期货类的一般都是美式期权，指数类的一般都是欧式期权居多。目前上市的 50ETF 期权就是欧式期权。

## 期权定价

市场上如果出现极端行情，标的资产的价格会发生较大的变化，对应的期权价格可能会翻好几番，这是什么原因呢？从数学上来讲，期权有个风险指标叫做 Lamda(λ)，是期权价格相对于标的资产的变化率，对于一些虚值期权来说，Lamda 可能非常大，也就是说当标的资产变化一点点的时候，期权价格可能会变化很多倍。例如股价涨 10%，对应的期权可能会涨 10 倍，那么这样的投资收益会非常高。

2014 年 5 月 14 日，证监会收到上交所的期权方案后，便责成证券投资基金业协会组织对个股期权进行研究。5 天后的 19 日，证监会主席肖钢在讲话中称“研究在上海证券交易所市场推出股票 ETF 期权交易试点”，市场人士据此推测，会率先推出 ETF 期权交易，然后再推个股期权。ETF 是交易所交易基金，ETF 期权的特点是单手交易规模较小，风险会更小，目前，上证 180ETF、上证 50ETF 期权均在紧锣密鼓地进行着仿真交易。市场认为由于目前 A 股估值低廉、股性呆滞，管理层选择此时推出期权，无疑是想刺激市场，尤其对于处在地板价上的蓝筹股板块，期权将增加其交易活跃度。

期权是一个非常重要的风险管理工具，对市场的整个风险管理起到了很重要的作用。投资金融产品首先要弄明白的一个问题就是这个产品的价格是多少，什么样的价格是合理的。期权是一种衍生产品，影响其价格的因素有很多，如标的资产的价格、隐含波动率、合约的敲定价格、到期时间、利率等，如果是股票期权的话还有红利率。影响价格的因素这么多，我们该如何给期权进行定价？期权的一个核心定价模型叫做 Black Scholes 模型，这个模型为什么这么重要？首先它是第一个完整的期权定价模型，在 Black-Scholes 模型出现之前没有一个公认的理论体系给期权定价，Black-Scholes 模型出现以后大家都认可，觉得按照这种方式给出定价是合理的。

第二个原因就是 Black-Scholes 模型有期权定价的显式解，做衍生品定价研究的人都知道在 Black-Scholes 模型之后又陆续出现了很多模型，如随机波动率模型、局部波动率模型，可是为什么 Black-Scholes 模型还是占据着一个非常重要的市场和历史地位呢？就是因为 Black-Scholes 模型是有显式解，如果没有显式解的话，需要用一些数值的算法计算定价，计算速度非常慢。如果有显式解的话，把各种参数带进去，直接就得出了价格。

## 期权套利

Black-Scholes 模型的两个创始人后来创立了大名鼎鼎的对冲基金叫做长期资本，开始的战绩非常辉煌，但在一次黑天鹅事件中倒下。

长期资本的核心策略是一种称之为收敛交易的方式，即统计套利。统计套利并不关心股票或一只债券的价格是涨还是跌，而是利用数学模型找到不同品种之间稳定的价差关系，当价差偏离了历史常态的时候，就是进入市场的机会，等价差恢复到正常水平时离开市场，赚取其中的价差。

长期资本利用价差套利的策略在开始的几年赚取了非常丰厚的收益，但是成也萧何，败也萧何，后来长期资本的失败也正是价差套利模型造成的。数学模型在某些情况下确实是非常好的工具，可以帮助我们去理解、分析、处理一些比较复杂的实际问题。但是模型只是一个工具，是建立在一定的假设条件之上的，我们没有办法把所有市场中的实际情况都归纳到一个模型当中，或者这些假设可能跟市场的实际情况不相符，假设本身就错了。还有一种可能是模型的结果是通过历史数据算出来的，一些极端的事件可能没有涵盖在历史数据当中，那就没有办法通过历史数据把这个东西计算出来。

俄罗斯发生金融风暴的时候，全球金融市场都发生了比较大的动荡，长期资本管理公司看多的某些资产结果发生了价格下降的情况，看空的某些资产出现了价格上升的情况。原来模型算出来的一些资产之间的正相关，实际上在当时的市场情况下是负相关的，市场实际情况跟模型的结果完全反过来了。

价差套利模型主要是没考虑到俄罗斯会出现这样的剧变，一夜之间政府倒台，俄罗斯债券变成垃圾，对应的德国债券又是大幅上升，因为大家那时候觉得德国债券很安全，一窝蜂地去买德国债券，结果长期资本持有的债券头寸的浮亏急剧扩大，到后来不得不大量砍仓，过去几年的收益一下子荡然无存。

所以长期资本的衰败是由重大的黑天鹅事件造成的，任何数学模型都没办法完全涵盖黑天鹅事件。如果当年长期资本不是重仓的话，不至于后来遭受那么大的损失。模型是有风险的，可以用它来处理一些问题，但是不能完全相信模型。所以对于量化投资而言，要以模型为基础，但是不能够全信模型，人的主观能动性在投资中依然发挥着不可替代的作用。

投资者投资期权时就要选好投资标的和投资策略，然后了解规则、熟悉操作，做一部分仿真，在此过程中需要注意以下方面：第一个就是不熟不做，投资者做自己最熟悉的品种所对应的期权，如果不是很了解，可以选一个群众基础好的、流动性比较好的品种。尽量不要去参与冷门的股票期权，因为它很可能会被操纵。另外做指数期权对于一些入门级的投资者而言是一个不错的选择，因为指数很难被操纵。

传统的股票投资一般只有买涨和买跌这两种方式，但是期权出来之后会有很多种策略。

1. 直接买入看涨期权。这个策略就是高杠杆、高波动性，如果你对市场强烈看多，与其买股票不如买看涨期权。使用这个策略时，对于自己认为是大行情的就买入虚值期权，因为它的价格比较低一点，如果是小行情就买入实值期权，一定要避免深度的虚值期权以及到期日很近的虚值期权。到期日是期权的一个很重要参数，期权到期后不行权的话会变成一张废纸，投资者务必注意这个问题。

2. 套利。套利方法也很多，最简单的一种就是跨市套利，也就是同时买进看涨期权和看跌期权，到期日相同，行权价也相同，在盈利图上这个策略表现为 V 型。这种套利赌的其实是波动率，如果我认为波动率比较大，不管是向上涨或者向下跌，只要幅度超过一定区间都是赚钱的；如果波动的很小的话那肯定就亏钱。所以这就取决于投资者对未来行情的走势判断。

最简单的方式就是用布林指标，布林指标如果收敛一段时间之后可以使用买入跨市套利这个策略。普通散户平常看布林轨认为它会突破，但是不知道是上突还是下突，这时候就可以做跨市套利。只要你突了肯定赚，如果不突就倒霉了。具体操作的时候可以把到期日弄长一点，或者把操作周期缩短，比如说用 30 分钟线或者 60 分钟线的布林线进行操作。这样可以使得波动率空间变小，本来赌 100 点波动的，现在赌 10 点波动，这样成功的概率会大很多。

香港市场有一种特殊的期权叫牛熊证，传统的期权由于有隐含波动率的原因，期权的价格一直都是溢价的，比如正常的期权价格是 5 毛钱，但是卖出时可能就 6 毛钱，当你买进时就亏了 20%。牛熊证设立了一个回收价，到某个价位后强制回收，这样牛熊证基本上没有溢价情况，用它来赌黑天鹅事件是特别好的工具。

期权的诞生对中国的资本市场具有非常重大的意义，期权是所有衍生品中交易量最大的主流品种。这个短板补上之后，应该说中国的资本市场已经成为一个完整的市场。对于机构投资者而言，可以利用期权去锁定风险。对于一些对冲基金而言，可以利用各种统计套利的方式去获得稳定收益。对于普通散户而言，可以用期权去赌一些黑天鹅的事件获取高额的收益。我认为随着期权的进入，中国的量化投资和对冲基金将会迎来一个真正的春天，出现大爆发的机遇。

# 量化投资篇

- 散户难敌光大的赚钱神器
- 量化投资：创造绝对收益
- 告诉散户两个字：套利
- 股价真的可以被预测吗
- 创业板：咬定别松口
- 事件驱动策略

# 散户难敌光大的赚钱神器

本节从光大乌龙指事件入手，阐述了乌龙指事件造成市场巨大波动的技术原因，进而讨论了光大证券的量化交易系统的问题所在，并得出结论：在新的金融衍生品时代，量化投资系统将会得到越来越大的应用，一个稳健的交易系统是获利的关键支撑。

1987年10月19日，全美数十家电视台的上百部摄像机对准了华尔街。这一天，一位在股市中输掉全部身家的人选择以跳楼的方式结束了自己的生命。目击者称，当时的摄像机更多对准的是华尔街的金融交易机构，却捕捉到了更多试图用自杀来结束失败的人。

当天是世界金融史上著名的“黑色星期一”。美国华尔街股市单日暴跌近25%，股市崩盘。《纽约时报》惊呼“一切都失去了控制!”。世界首富萨姆·沃尔顿一天便损失21亿美元，众多百万富翁顷刻沦为赤贫，有人跳楼自杀的消息不绝于耳。

股灾后，美国金融界开展了广泛的反思和辩论，自动交易、程序化交易的滥用被认为是祸手之一。当华尔街的基金管理公司等机构投资者手握的资本越来越多，超过数百亿元美元时，很多公司都设定了自动反应的电子化程序，执行批量买进或卖出。这在为机构获取利润的同时也暗藏了交易风险。很不幸，“黑色星期一”的大跌恰好触动了很多基金公司计算机系统设定的卖出点，电脑取代了人脑，变成资本市场的主角，灾难就此被引爆。利用计算机进行的程序化交易首次向全世界展示了它无与伦比的破坏性。

那么，面对美国的前车之鉴，在中国 A 股市场，为什么还会发生光大乌龙指事件这一类的量化投资危机呢？

## 光大乌龙指事件

2013 年 8 月 16 日光大乌龙指事件震惊了整个 A 股市场，在短短的几分钟之内，市场中大量的权重股被拉至涨停，随后其他各种各样的消息蜂拥而出，使得整个指数在短期内快速上行。当光大乌龙指的消息被公告后，指数就一路下滑。中国 A 股市场从来没有出现过这么大的剧烈波动。

这次事件可以跟 1987 年美国的黑色星期一相比拟，当时的黑色星期一让大家明白了一个名词叫做程序化交易。正是因为大量程序化交易的止损订单蜂拥而出，使得指数在一天下跌了 20%多。光大乌龙指事件也让大家明白了一个名词叫量化投资，那什么是量化投资？光大的量化投资系统到底出了什么问题？它对中国市场会有什么样的影响？

量化投资是指以数据为基础、以类似于数学公式的模型为核心、以电脑程序化交易为手段的一种交易方式，在海外已经比较普遍。海外成熟资本市场有 70%的投资采用量化投资，而中国的投资市场只有 10%采用量化投资。对于量化投资而言，最重要的就是风险控制，如果风险控制不严，出现系统故障，瞬间产生无限循环程序交易将会带来不可估量的损失。光大事件的持续发酵让全中国投资者对于量化投资有了初步认识，事实上，很多的投资机构早已使用量化投资方式进行谋利。这种在国外十分常见的投资方式真是魔鬼吗？

为什么区区几十亿的资金就造成市场如此大的波动？很多人在光大乌龙指事件出现之后感慨：原来中国市场的空头如此孱弱，几十亿资金就可以将指数打上去那么多。光大事件之所以造成这么大的影响，是由很多因素机缘巧合造成的。过去两三年，中国市场上已经产生了相当多的量化投资资金，它们是市场中的潜伏者，随时寻找交易机会，光大乌龙指事件给了这些策略展示的良机。

第一种策略叫做巨单追踪。这个策略的基本思想是：市场上有 Smart Money，一定会有一批人提前知道消息。那么我只要跟随 Smart Money 的步伐，就可以获得稳定的收益。特别对于 A 股不是很成熟的市场，我们会经常发现在很多股票出现重大利好之前，很多资金就提前入场，或者在股票下跌之前，很多资金会先离场，这些资金就是 Smart Money。

那怎么判定 Smart Money 呢？道理很简单：大机构的入场状态跟散户入场是不一样的。其中一个非常重要的表现叫做“巨单”，因为大机构的资金很庞大，有几十亿甚至上百亿之多，有的时候它也就提前半个小时或一个小时知道消息，需要在这么短时间内完成建仓动作，单子动静会非常大。平常散户可能就几百手、几千手，Smart Money 一出手可能就几万手。用交易软件来监控这样的单子，可以快速知道有机构在入场了。

光大乌龙指事件中，首先表现的就是大量订单，权重股盘中出现大量买单，都是几千手、几万手的单子发，至于是什么原因造成了巨单，是有确定的利好，还是乌龙指，其实大家都无从知晓，但是市场上的表现是有巨单涌入。量化交易基金会立刻监控这样的巨单，它们系统的响应时间大概只有一两秒左右，所以当光大乌龙指事件出来后，量化投资基金能迅速跟进。光大事件中光大报单报了两百多亿，成交只有七十多亿，而当时从 11 点到 11 点半的整个交易量是数百亿之多，所以光大并没有占据全部的交易量，相当大的一部分是量化资金的追进。

有人可能会问中国市场是 T+1，怎么追进呢？实际上很多交易是在期指市场追进，只要追踪现货市场上出现大量订单，就认为有大机构入场，指数就会涨，那么期指也会涨，在期指上进行大量做多就可以了。因此第一批资金进去后迅速地将指数往上推。推到一定程度之后，第二种类型的策略入场。

第二种策略就是区间突破策略。这是散户经常会用到的趋势交易，比如突破 50 线就追买，跌破 50 线就割肉，相当多的量化资金也是基于这样一个策略原理。所以 2013 年 8 月 16 日那天，指数迅速打上 2%、3%以后，往往就达到了区间突破策略的入场标准，响应时间大概是 3 到 5 分钟左右。资金进场之后进一步推波助澜，推动指数继续上行，当推到 4%以后，会打穿第三种资金策略，叫做止损盘。

不管是传统的主动型资金，还是量化资金，尤其是在期指市场交易的量化资金，一般都会有止损策略。短短几分钟之内的剧烈上涨，触及止损线，空头止损交易空头平仓，也就是买入操作。这种情况下大量的买单会使期指继续往上拉，拉大了之后又会引发现货商的追进。因为期指不断往上涨，现货部分的股票也都会拼命往上追，从而引发了“羊群效应”。

所以不能说仅仅几十亿就可以把指数打上这么多点，因为确实是很多意外事件的集中反应，除了市场本身巨大波动之外，还有一个很重要的原因就是 11 点之后的这段时间正好是交投非常清淡的时候，挂单也比较少，当大家准备去吃饭、心理比较松弛的时候，突然出现这样一个事件，很多人来不及细想就赶紧追进。就好比一群羊在山坡上平稳吃草，有一头羊突然发了疯地跑起来，其他的羊不知道怎么回事，赶紧先跟进，这样就引发了“羊群效应”。所以不能讲中国市场的空头多么懦弱，实际上以中国市场现在的规模，没有几百亿，想让指数上升三到五点是不可能的事情。

传统的交易模式，即目前 A 股市场中的小散们研究基本面的投资方式有点像大刀长矛，量化投资像飞机大炮。与传统投资相比，量化投资能帮助投资者将涨跌规律模式化、克服人性弱点、分散交易风险、确保交易及时，能够帮助投资者捕获稍纵即逝的投资机会。

光大证券的乌龙指事件让大家明白了一个道理：未来的投资市场更多的是交易系统、交易速度的竞争，投资方式的军备竞赛将在投资中起着决定性作用。在海外已得到认可的量化投资，在国内依然是新兴事物。但我们可以作个大胆假设，由于量化投资方式在国内的兴起，未来A股市场散户生存的可能性非常小。

根据公开的资料显示，光大证券这次出事的部门叫策略交易部，2012年赚了1.6个亿，收益的增长率是33倍，在光大众多部门中，基本上是人均收益最高的，只有10个人的部门赚了1.6个亿，人均创收是1600万，这是一个非常恐怖的业绩。其实不仅光大证券一家，从2008年开始，国泰君安、东方证券、海通证券、中信证券等顶尖券商都相继成立了金融衍生品部门。这批部门的领导人物基本上是从华尔街回来的，就是2008年著名的“抄底华尔街”行动中的人，这批人成为中国量化投资的初创团队。

## 什么是量化投资

国内量化投资虽然起步晚、规模小，但发展较快，目前各大投资机构先后成立量化投资团队，开发交易模型。2008年，各大机构发起的“抄底华尔街”行动，将大量华尔街金融人才召回国内工作，很多国内基金、券商也逐渐开始了程式化交易，如博时基金发行的“超大ETF”就是给机构套利用的，完全量化选股和交易。机构有人、有钱、有技术搞量化投资，然而对于普通散户来说，又该如何应对呢？

目前量化投资是全球金融机构的主流投资方法。随着资本市场的发展，原来主流的投资方式受到严峻挑战。在海外，散户投资者不约而同地将投资这件事交给了专业的机构来操作。

2001 年到 2005 这五年大熊市中，券商日子很苦，很多券商倒闭、破产、被兼并。但是从 2008 年到 2014 年以来，熊市经过了六年，但这六年中券商基本上都很淡定，没听说过哪个券商破产倒闭。因为券商除了传统的经纪业务之外，更多的收入来自于创新部门的业务，如融资融券、固定收益等,其中相当大一部分是金融衍生品。尤其是 2010 年股指期货推出后，券商有很多这方面的投资策略，光大证券的交易策略中有一个称之为 ETF 套利，就是券商的绝对收益策略系列中的一款，除此之外还有很多种套利方式，比如股指期货套利、国债期货套利，阿尔法套利、LOF 套利等。在套利基础上跟融资融券结合会衍生成各种各样的做市策略。据我所知，国内几个顶级大券商的量化投资规模都已经超过了光大证券，有的达到 300 亿之多，并且过去两三年的绝对收益也远超光大证券。

券商自营分两大类：一种叫传统自营，一种叫衍生品自营。传统的自营主要是以做股票为主，也就是赌方向，牛市中当然非常好，2008 年的熊市中，很多券商的传统自营亏得很惨。但是金融衍生品自营，据我所知都是赚钱的，因为它主要就是利用股指期货对冲的市场中性策略。所谓市场中性策略就是不依赖于大盘的方向，大盘涨可以赚钱，跌也能赚钱，不管熊市、牛市都可以盈利。当然牛市中赚的会少一点，熊市中不但不亏钱，也会稍微赚一点，这样的收益会非常稳定，这也是海外各大对冲基金的主流策略。这十年海外对冲基金发展得非常火，管理规模已经超过了 4 万亿美元，并且产生了很多富可敌国的基金经理，如索罗斯、西蒙斯、达里奥等，每年为投资者创造的收益高达数百亿美元，它们采用的策略大部分都是市场中性策略，这次光大做的 ETF 套利也是市场中性策略中的一种。

海外的对冲基金，一般来讲有两大类型的操作模式：一种是趋势追踪，一种是对冲交易。ETF 套利就属于对冲交易中的一种。这里介绍一下两个比较著名的对冲基金。

第一个叫做 Winton。Winton 是全球最大的 CTA 基金，CTA 是期货管理基金。最近十年的 CTA 基金指数显示，CTA 每年的增长大概是 12%到 15%之间，在海外这是一个非常棒的收益率。其中最大的 CTA 基金 Winton 管理规模已经过了 200 多亿美元。2013 年 Winton 进入中国，跟华宝信托联合发了 CTA 基金产品，收益非常出色，1 号产品大概收益超过 25%。

Winton 采用最多的方法叫做趋势追踪，比如光大乌龙指出来之后，利用机器进行监控，短期跟上趋势，瞬间进行买卖。当然这种趋势追踪方法成功的关键取决于交易系统的速度，必须足够快。

Winton 也是一家很特别的资产管理公司，一共有 120 多位科学家，没有学经济、金融的，都是数学家、物理学家、计算机科学家，它利用各种各样的数学模型、物理学模型、空气动力学模型对市场进行判断。因为金融市场是一个非常复杂的“混沌市场”，可以把它理解成空气的波动，所以很多空气动力学家、火箭学家用流体力学的模型来判断融市场的波动。

第二个是文艺复兴科技公司，其创始人是我们公认的量化投资鼻祖：西蒙斯。

说到量化投资，就不能不提传奇的量化投资大师：西蒙斯。如果说巴菲特和索罗斯是基本面判断法的代表人物，那么西蒙斯就是程序量化投资的代表人物，他擅长捕捉市场大量的瞬间赚钱机会，业绩在某个时间段甚至超过了巴菲特。

他旗下的大奖章基金，每年净回报超过 35%，这是在扣除了 5%的管理费和 40%的提成之后留下的，推算起来，他的投资组合原始收益率每年超过 60%多。从 1988 年成立到 1999 年 12 月，大奖章基金总共获得了 2 478.6%的净回报率，是同时期中的第一名，第二名是索罗斯的量子基金，有 1710.1%的回报率；而同期的标准普尔指数仅成长了 9.6%。即使 2008

年全球金融重挫，大奖章也有惊人的 80%的回报。西蒙斯依靠他的交易模型获得了巨额回报，其核心就是使用了量化投资方式。

西蒙斯刚开始是一个数学家，他数学上的最大成就是跟陈省身一起创立的 Chern-Simons 定律，为此获得了美国的数学大奖。他在学术界很难有更进一步的提升，于是就去华尔街成立了自己的基金公司叫做文艺复兴科技有限公司。他公司名字不叫基金公司，而是叫科技公司，因为他认为自己是科学家，用科学的方法对市场进行分析。文艺复兴公司和 Winton 一样，大概有 40 多位科学家在里面工作，主要是数学家，其中有几位是获得诺贝尔奖的，还有几位是语音识别方面的专家。

量化投资，以 Winton 和文艺复兴为代表的这两家公司在国际市场获得了非常出色的业绩。除此之外，高盛的自营部门也是以量化投资为主，主要做高频交易，就是在非常短的时间内，不停地买入、卖出股票。

在华尔街，量化投资已经成为很重要的投资方式。光大事件出来之前，大家可能认为国内的量化基金很小，因为从公开资料中看到的公募基金的量化基金的规模很小，业绩也很一般。所以光大乌龙指算是一声惊雷，大家忽然发现原来市场上有这么多人已经在做量化投资了，并且创造了非常好的收益。

## 光大策略系统问题

既然量化投资这么厉害，那为什么还会出现光大乌龙指事件呢？实际上量化投资主要分为两大流派：一个是策略派，一个是系统派。策划派就是构建各种各样的策略对市场进行预测，能够判断出市场涨跌或者波动差，并从中获利。系统派不试图找新策略，是利用高速的交易系统来战胜对手。这就像军事上的武器派和战术派的分类差不多，中国传统军事讲究各种各样的策略，八卦阵啊，一字长蛇阵啊，青龙摆尾阵啊，通过策略去迷惑别人。但西方的军事讲的是武器，骑兵超越步兵，炮兵超越骑兵，飞机大炮超越枪，通过速度获取胜利。现代武器更新换代本质上是速度在提升。交易系统也是这样，同样的策略在一个非常好的交易系统上运行，当机会出现时能够迅速抓住。

光大证券的策略交易系统短短两分钟时间发了两万多笔订单，可以看出它是一个极快的交易系统。当然极快的交易系统也会有问题，中国A股市场可以说是一条泥泞的乡村小路，你弄一台法拉利上来开，当然是要翻车的。从公开资料来看，光大事件是订单执行系统出了问题，没能够控制委托单。交易系统一般分两大块，一个叫订单生成系统，一个叫订单执行系统。订单生成系统决定什么时候下单，下什么样单子，下多少单子。订单执行系统把订单变成委托单后放到交易所，跟交易所进行撮合确认，中间还要有一个风控模块。

光大系统问题出在订单执行系统和订单生成系统之间的消息通讯机制，订单生成系统将指令发给订单执行系统之后，执行系统应该给生成系统回馈信息表示订单已经发出。但是实际运作中，订单生成系统没有收到反馈，以为发送失败，于是又发了一遍，还是没有得到反馈消息，由于系统速度特别快，一下子发了两万多笔，这两万多笔又全部被执行，这就是光大乌龙指的问题所在。

举一个稍微简单的例子，比如总经理对秘书说："小王，你帮我去买一杯咖啡。"这就是一个订单流程，总经理叫订单生成系统，他发出的指令就是一个订单指令。秘书应该说："是，总经理，我知道了。"然后他给星巴克打电话买咖啡。星巴克就是交易所，回答到："咖啡做好，很快送到"，这是一个完整的交易流程。光大系统的问题出在应答机制上，总经理对秘书说"帮我买咖啡"后，秘书直接打给星巴克，没有回复总经理说"我知道了"。总经理不知道订单已经发出，于是他又说了一遍，又没有得到回答，于是他不停地说，一下子说了一万遍。

出这样的问题后，该怎么解决呢？从技术上讲有两种方法：第一个叫原子交易，第二个叫同步风控。原子交易是说在一个交易指令没有得到确定的反馈之前，不应该做下一个指令。再以总经理买咖啡为例，当总经理给秘书发了消息之后，在发出下一个指令之前，应该问秘书一下：“小王，咖啡你替我买回来没有？”在没有得到小王明确回复之前，总经理不应该再下第二个指令，这叫原子操作。光大系统如果采用这样的原子操作，订单生成系统向订单执行系统查询、确认订单成交状态，在没有得到确切消息之前，不应该去下第二个单子。

同步风控是说订单执行系统不应该直接将订单发往交易所，而是通过一个风控模块出去。风控模块会检测订单状态，比如连续发了 100 笔，那就赶紧停住，问问到底怎么回事，是不是有错或者检查一下资金余额是否足够之类。正常来说，交易系统中应该有同步风控系统。我估计由于速度的原因，光大的策略交易系统可能采用的是异步风控方式。同步风控就是每一笔订单都应该被风控，异步风控就是隔 $N$ 分钟风控一次，但由于交易速度特别快，所以还没等到检查单子就全出去了。

量化交易系统在全球金融市场上出问题不是一件稀罕事儿，年年都有。2013 年美国就出过这样一个事，一个做高频交易的投资公司短短两小时之内就损失了 4.5 亿美元，它采用传统的自动做市商策略，低买高卖，比如说 4 元买入，4.1 元卖出，结果程序出错变成 4.1 元买进，4 元卖出，每做一笔就亏钱。由于交易速度特别快，所以当它被发现的时候，已经损失 4.5 亿美元。高盛也出过类似事件，所以海外金融市场的乌龙指事件蛮多的。

正是因为有这样的事件，市场上也产生了一种捕捉“黑天鹅”策略。会有一笔量化资金专门把程序写好摆在那儿，等错误出现，出错之后就上去咬一口。据我所知，光大事件之后，很多国内做量化的小组都开始研发相关的策略，以期待下一次再出类似事件的时候可以从中获利。

量化投资系统出故障是很被避免的，我们不能因为光大乌龙指事件就不再搞量化投资，这毕竟代表了未来的方向，因为全球的主流对冲基金都在做量化投资。在国内，随着国债期货、期权等品种上市，各种金融衍生品大面积放开以后，再用传统的听消息、拍脑袋方式做投资已经不可能，量化投资一定是未来的方向。

# 量化投资：创造绝对收益

本节讨论了量化投资的一个核心目标：创造绝对收益。量化投资是以数据为基础，以交易策略为核心，以程序化交易为手段，以追求绝对收益为核心的投资方法，它和传统投资的区别就类似于中医和西医的区别。并对量化投资的优势进行了阐述，之后用海外量化投资的案例来预测未来中国投资的趋势。

2013 年伊始，银华基金、国金证券、中粮集团、永安期货的量化投资部都在各大院校招收量化分析实习生或研究员。打开国内著名券商国泰君安的网站，除了大家以往耳熟能详的股票型基金、债券型基金和货币型基金外，又悄然增添了一大项：量化型产品。点进去，你会发现从套利型到对冲型，产品已经发了不少期，再看收益，套利型年化 10%以上的比比皆是。

事实上，除了券商，各大基金公司也早在多年前便开始布局量化投资类产品，以总部位于上海陆家嘴金融圈的著名的“中国老十家基金公司”富国基金为例，早有华尔街回归的、拿国务院“千人计划”奖金的李笑薇加盟，她是富国重金挖来专门做量化投资产品的专家，此前任职巴克莱国际投资管理公司大中华主动股票投资总监，这位斯坦福经济学女博士的回归与国内量化投资的兴起有着直接关系。同期还有博时量化投资总监王政亦、工银瑞信量化基金掌舵人游凛峰等从华尔街回归，为这两家著名基金操盘量化投资产品。

纵观国内基金公司，从九年前刚推出时的尝鲜试错，到如今，从事量化投资的已经有一大批：2004 年开始，易方达上证 50 成为首只采用量化投资工具的基金产品，据万德（WIND）统计，截至 2014 年 6 月底，中国的量化基金约为 50 只，管理着 500 亿元的资金，除易方达上证 50 外，长信量化先锋、嘉实量化阿尔法、长盛量化红利策略、申万菱信量化小盘、南方策略优化等基金全部采用了量化工具的主动投资策略。作为机构利器，量化投资究竟是怎样的一种炼金术？它与普通人所做的传统投资法又有多大的区别？

## 量化投资定义

量化投资是以数据为基础，以交易策略为核心，以程序化交易为手段，以追求绝对收益为目标的投资方法。它和传统投资有以下方面的区别：

首先追求绝对收益。传统投资一般追求的是相对收益，公募基金也好，阳光私募也好，比较基准往往是指数，在熊市中只要比大盘跌得少，就算成功，当然牛市中也要比大盘涨的多才对。这种方式只适合传统投资者，就是那些有风险承担能力的客户，在追求高收益的同时，当然也要承担下跌的风险。

但是市场上有一批不能亏损的资金。比如说养老基金、上市公司的闲置资金，它们是完全没有风险承受能力的，在这种情况下，绝对收益就成为它们的第一追求，量化对冲就是实现绝对收益的一种有效方式。对冲掉系统性风险后，投资者牛市中能赚钱，熊市中也能赚钱。熊市中的相对收益没有意义，只不过比别人亏得少了一点而已。

其次以数据为核心。传统投资更多的是靠人的分析，通过对宏观数据、微观数据、财务数据的解读来判断宏观经济的走势，从而预判金融市场的涨跌。所有这些东西都是基于人的解读，结果就是千人千眼，同样的数据，有人认为是利多，有人认为是利空。一个上市公司业绩增长，乐观派认为它将来还会增长，代表公司走上正轨。悲观派认为它的高速增长阶段已经过去，未来可能会减速。所以同样的数据，人去判别的话会有很多的主观偏好，不确定。

比如2013年创业板涨得厉害，很多人不喜欢它，认为它估值高，风险大。但是国外学术界早就证明过小盘股长期有超额收益，并在全球市场中得到了验证。分析历史数据可以发现，过去二十年罗素2000指数涨得最好，其次是标普500，再往下是道琼指数。中国市场也类似，过去几年中证500涨得最好，其次是沪深300等权指数，然后是沪深300，沪深300比上证指数走得好，上证指数又比上证50走得好，这实际上就是小盘股效应在中国市场的体现。创业板涨成这样，我一点都不惊奇，这是符合经济原理的。但是在A股市场，投资者往往出于偏好，总认为创业板里面有很多黑幕，风险很大。其实再过十年，大家就会发现创业板的收益将会远远高于上证指数。

2013年国庆长假前最后的一个交易日，创业板指数创出了历史新高，实际上，创业板在近半年来迭创新高。了解了量化投资中的一些基本原理、不单纯从传统投资法的角度去看创业板的指数，可以对创业板目前的升幅和未来的走势有一个全新的认识。用量化投资的角度来看，创业板指数的上涨是非常正常的一件事。但这是怎样的一种角度呢？未来，我们是否应该对已经有着惊人涨幅的创业板持谨慎态度呢？

小盘股为什么会有超额收益？其实有很多种解释：第一个是流动性溢价，流动性不好的资产应该给它更好的溢价。为什么五年期的债券就要比一年期的债券收益高？为什么定期存款就要比活期存款收益高？就是流动性溢价在起作用。小盘股的流动性肯定不如大盘股好，所以投资者对小盘股的收益率有一个溢价补偿。第二个是成长性溢价，在一个较长的经济周期中，小盘股会得到更多的发展空间，像中石油、中石化这种公司已经很难再有成长的机会，小盘股不一样，它们中间很可能会产生第二个苹果、第二个腾讯。

中国创业板指数涨这么多，从量化投资角度看是非常正常的一件事。但是传统投资者可能出于偏好，都在鞭打创业板，说创业板肯定有风险，会死人，里面有多少内幕、炒作，传统投资方式中夹杂了很多个人主观因素，可能会使投资者错过很多真正好的投资机会。

用一个通俗的例子解释量化投资与传统投资相比就像西医和中医的区别。传统投资类似于中医，量化投资相当于西医。我们去看中医的时候，一般会选择老中医，越老越好，特别是看过很多疑难杂症的老中医，因为他们已经看了很多年的病，见多识广，比较有经验，一搭脉就知道你怎么回事。但是我们到医院看西医的时候，很多给我们看病的都是小医生，刚毕业没多久，我们也敢让他看，这并不是因为我们认可这个医生的水平，而是认可医院的设备。你进医院后，验血验尿，做 CT、X 光机，你患什么病，配什么药，基本上也就大差不差了。因为 CT 机、X 光机比人的判断更加靠谱，这就是中医和西医的区别。

做投资也一样，很多人认为投资是一门艺术，确实也只有巴菲特这样的老艺术家能掌控投资。他能够在 2008 年的时候买高盛，其他的投行都死掉了，他却买对了，这确实是艺术。一般的投资者就很难保证自己可以买对，你压根不具备巴菲特那样的老道经验。传统投资更多的是依靠个人经验，包括人脉关系以及个人判断，这种判断能力只有一些极少数的投资大师才具备。而量化投资这种方式的好处是可复制，因为它有数据，有模型，有各种各样的交易系统，哪怕你对市场理解不深，经验不足，但是通过模型运行，也就大差不差了。

## 量化投资的优势

第一个优势是赌大概率事件。我们先来看一个例子，假定扔硬币，有51%的概率在正面，49%的概率在反面。我们下赌注，在正面赢1000元，在反面输1000元，应该怎么赌呢？有两种方法，第一种：就赌一次，赢了赚1000，输了1000元就没了。第二种：赌1000次，每次赌1元钱。

我们算一下,因为有51%的胜率,如果赌一次的话,成功的概率是51%，51%乘以1000元就是510元；输的概率是49%，49%乘以1000元是490元。510元减490元等于20元，这个20元在数学上叫做期望收益。也就是说在这个游戏中我们可能会赚20元。

抛硬币理论在概率学和统计学中非常盛行。一般人认为抛硬币猜正反面的成功率是50%对50%。因此人们常在犹豫不决时，用抛硬币的方式来决定胜负或作出选择。但斯坦福数学教授佩尔西·戴康尼斯却得出了另外的结论，他和他的同事们发现硬币游戏的概率并不像人们想得那样，掷币哪面向上并不是50/50的概率，实际上更接近于51比49，掷币时，哪面朝上，最后那面朝上的概率就大一些。

很多数学家都曾做过抛硬币的试验，得出的结论基本相同。换句话说，抛硬币单次结果不可预计，但是多次试验的结果却在总体上是有规律可循的。

同样的，如果赌1000次，每次赌1元钱，则赌一次的期望收益是2.51元减去0.49元,就是0.02元。赌1000次后总的期望收益是0.02元乘以1000，也就是20元。也就是说这两种赌博方式从长期来看收益率是一样的。

如果输了呢？如果赌一次的话，有49%的概率输光。但是如果赌1000次的话，由于每次只有49%的概率会输，输光的概率是0.49的1000次方，接近于 0。所以两种方法的期望收益率是相同的，但是输光的可能性第二种要远远小于第一种，这就是传统投资和量化投资的最核心区别。

传统投资本质上是赌小概率事件，巴菲特经常讲要把鸡蛋放在一个篮子里面，但问题是你怎么知道一定是好篮子？很多人经常将巴菲特当年买可口可乐作为经典案例，但是问题是当年跟可口可乐同时起步的软饮料公司有数百家之多，你凭什么认为自己就能买到可口可乐，并能持有到今天呢？要知道这个市场上能够长期成为大牛股的永远是少数。

量化投资从来不赌重仓股，肯定是分散投资。因为再优秀的公司也不可能每天都赚钱，肯定是波段性的。老股民会知道有时候突然冒出一条消息之后，某一个板块上涨，之后另一个板块因为另一条消息又涨了。有些垃圾股受到消息的刺激也会飙升一下。量化投资就可以通过风格轮动策略来抓取这些股票表现好的阶段吃波段，而不是长期持有。从数学角度上讲这种方式的成功概率和重仓赌其实是一样的，但是失败的概率要小很多，因为投资的核心是大概率。

很难看到传统成功投资的可复制案例。海外就只有一个巴菲特，再加一个彼得·林奇，国内也就是王亚伟和徐翔，除此以外没有更多了。很多传统的明星私募前一年赚 100%，后一年亏 50%。闪光的流星很多，但是缺乏恒星，是因为他们不够聪明吗？他们不够努力吗？真不是，因为传统的投资方式本质上就注定只有少数人可以成功，但量化投资不一样，它通过各种各样的方式提高成功率，这也就是为什么海外有大量对冲基金，很多很小的对冲基金都活得很好的原因，因为量化投资赌的是大概率事件。

第二个优势是纪律性。传统投资经常会讲到要克服恐惧和贪婪，巴菲特很多年就说过：“我们要在别人贪婪的时候恐惧，要在别人恐惧的时候贪婪。”但是恐惧和贪婪是什么？它是人性的弱点，人性弱点是很难被改变的。

如果通过某一种修炼，又不恐惧又不贪婪，达到世外高人的地步，那你还炒股干什么？找个山林去修炼好了。绝大多数的投资者是没办法克服恐惧和贪婪的，那怎么去解决它？可以通过机器的方式把交易策略变成一个交易系统，到点就止盈，到点就止损，到点进场，到点出场，人不做干涉，只是隔一段时间对机器做一个参数调整，执行的时候绝不干预。这样可以帮助克服恐惧和贪婪。

传统投资中人是有偏好的，比如和某个公司的老总很熟，就喜欢这个公司，坚决买入，哪怕是亏钱了也继续持有，而不是客观评价该公司的真实价值。还有就是偏见，就像 2013 年创业板涨得很厉害，很多人就不喜欢它，认为它估值高，风险大。量化投资就可以帮助避免犯这种偏见问题。

第三个优势是可复制性。传统的公募基金和阳光私募，基金经理下面配一大堆的分析师、研究员，还有相关的券商分析师帮忙做调研，因为基金经理的精力有限，管不了太多资金。阳光私募也是，往往 1 号业绩特别好，发了 2 号之后就一塌糊涂，也是因为人的精力限制问题。

但是量化产品不一样，比如某个券商的套利产品发了十几期，每个业绩都不错。还有一家顶尖的期货公司发了十几个期货基金，平均年化收益率也在 20%以上，规模超过 10 个亿了，市场上反响很好。而它的主要操作人员就那么三四个，因为这些产品基本上都是通过交易系统来下单，模型出来了，1 号、2 号、3 号……一路往下发就是了，无非是多加一台机器的问题。这也是海外量化基金、对冲基金如雨后春笋般出来的原因，因为太容易复制了，并不需要增加更多的人手，极大地降低了运作成本和管理成本。

## 海外量化投资的发展

讲了量化投资的优势后，我们来看一下海外量化投资的发展。量化投资在国内算是一个新名词，但是海外的发展要追溯到 50 年前，马科维茨写的《证券选择理论》被公认为是现代金融学的开篇。十年后他的学生夏普写了那篇著名的《资本资产定价模型》，两人因此获得了诺贝尔经济学奖。

我们平常经常讲市场是有风险的，但是怎么度量风险呢？涨多少叫做风险？跌多少叫做风险？以前从来没有人用数学的方法来计算，马克维茨是第一个提出用方差来衡量证券的风险大小。简单地理解下就是方差相当于波动率，波动率越大的股票，方差就越大，风险也就越大；波动率越小，方差也越小。像中国石油、中国石化这样的大盘股，方差是比较小的，因此总体的风险也比较小。创业板波动比较大，它的方差也比较大，因此风险也会比较大。这就是马科维茨那篇著名的文章中提出的理念。

很多年之后他的学生夏普写的《资本资产定价模型》讲了资产的收益率跟风险的关系，并且提出了一个公式，通过该公式证明了资产收益率和风险是等比的关系，风险越大，收益越高。之前很多人认为在金融市场赚钱靠的是本事，这篇文章出来后，很多人忽然意识到原来赚钱多的人只是因为承担了较高的风险，并且赌对了风险而已。

到了70年代，斯科尔斯提出的期权定价模型解决了期权的价值问题。中国期权开始发展后，这方面的机会非常多，这个模型自然会得到很大应用。

这些学术界的成果给产业界带来了巨大的影响，帮助构建了各种各样的产品，主要有两大阵营：一个是指数基金，一个是对冲基金。

指数基金从广义上讲也是量化投资的一个重要分支。传统投资是靠人做判断，指数型基金不靠人做判断，是靠计算机做的。除此之外还有一种叫指数增强，即用量化投资的方法超越指数，海外做得最大的叫巴克莱量化，整体规模大概是1.6万亿美元。它的核心策略叫做BARRA多因子模型，原理是在市场上找一些非常健壮的股票，隔一段时间换一次，这样使得整个组合一直超越指数，从而实现指数增强的效果。

对冲基金采用的是多因子模型，在学术上称为阿尔法。阿尔法指的是超额收益，比如说指数涨了10%，股票组合涨了15%，多出来的5%部分就叫做阿尔法。或者大盘跌了15%，股票组合只跌了10%，这少跌的5%

也叫阿尔法。具体的做法是买入股票组合之后，对冲掉股指期货。比如牛市中指数涨了10%,股票组合涨了15%,股票方面赚15%,股指期货亏10%,这样会获得 5%的绝对收益。如果大盘跌了 15%，股票组合只跌 10%，那就意味着做空股指期货赚了15%,股票组合亏10%,这样绝对收益还是5%,这就是阿尔法套利策略。

这两大类在海外量化投资中已经是主流方向。国内从2005年开始已经有初步尝试，真正的大发展是2010年股指期货推出以后，量化投资的人员主要集中在券商自营以及私募基金中。公募基金很难做量化投资，因为公募基金的监管过于严格，使得量化投资缺乏必需的土壤。量化投资很多时候需要高速交易系统，但是公募基金的交易委托单必须经过风控总监和交易总监审核后才能够出去。

正常的交易流程是交易指令交给投资经理下单，下单后进入风控模块，风控模块处理后再发往交易所。这个风控模块速度比较慢，因为里面有很多东西需要计算，如有没有反向交易（别的基金产品买了该股票，你就不能买了），是否存在黑名单，比如基金公司大股东的公司就不被允许买，一些 ST 也不能买。下指令的风控系统要算一遍，这个流程的话差不多是 2 到10秒钟左右。算完之后还要发给交易总监，由交易总监复核没有问题后分发给交易经理，再由交易经理把单子发到交易所去。整个流程快的话大概二三十秒钟，慢的话可能要十几分钟甚至半个小时。像套利和高频交易这种追求速度的策略，在公募基金就无法完成。

所以公募基金中的量化基金业绩不出色，并不完全是因为基金经理水平不行，而是整个交易系统的限制，交易规则的限制。就像你学会了使用屠龙刀，但是给你一把菜刀，你也可能打不赢别人。国内公募基金限制太多，比如股票型基金有 60%最低仓位的限制，这就意味着就算基金经理看空大势，也是不能空仓的。6000点的时候很多基民拼命要申购，一申购后仓位就不够了，基金经理不得不去买股票，哪怕基金经理明知道6000点风险很大，但是基民申购之后基金经理必须得买，使得仓位满足最低仓位限制。跌到 1600 点的时候，大量基民受不了赎回，基金经理明明知道这时候风险已经很小了，但是基民要赎回，就只能割肉。所以很多时候是这种交易制度使得基金经理根本没办法根据自己的分析判断操作。

量化投资在中国“小荷才露尖尖角，早有蜻蜓立上头”，未来的发展空间一定非常大。

## 散户与量化投资

从各大基金公司重金力邀华尔街明星投资家到量化投资产品如雨后春笋般涌现，这些都在告诉我们一个信息：反传统的量化投资才是未来投资的主流。有人说投资是一门艺术，那么量化投资就是将这门艺术转变成科学。但我们毕竟不是科学家，甚至很多人的数学也未必学得很好，那么在这样的战场上，作为散户该如何投资？该如何借助量化的力量寻求生存机会呢？

既然量化投资是未来的大趋势，它对于传统投资有什么影响呢？对于普通散户者又有什么价值呢？实际上量化投资和传统投资是可以完美结合的，比如量化投资可以做股票池的预筛选。传统投资者对某个行业感兴趣的时候，可以让量化分析师来进行初步筛选，将筛选过的股票交给传统基金经理做进一步的分析。否则基金经理都不知道该对哪些公司进行调研，先用量化方法将那些明显不靠谱的筛掉，剩下好的再去深入调研，不失为提高效率的好方法。

另外量化投资可以对传统基金经理选择的股票再进行一次检查，有时候传统基金经理可能会受到偏好的影响，结论未必客观，也不是很有把握，用量化模型再查一遍可以起到一个质量把关的作用。

量化投资有一个分支叫做量化择时，传统投资很多时候不讲究择时，买股票之后一直持有，不管熊市、牛市。利用量化择时策略可以判断大盘未来的运行方向，如果判断未来涨的话，加大仓位，如果跌的话逐步减仓，这是对传统投资的一个帮助。

总而言之，投资市场也需要“中西医结合”，投资中要想持续稳定获利也需要量化投资和传统投资的全面结合。我个人是做量化投资的，但是我一点都不抵触传统投资，我很多的投资策略原理都来自于传统投资。

对于普通散户而言，要想做大规模的量化投资很难，没有足够的数据，没有足够的 IT 系统，也没有那么多的团队去做研究。所以中国股票市场的未来趋势会走向美国这种情况，就是逐步机构化，散户逐步被边缘化，这是历史趋势。中国市场目前不成熟，散户比重偏多，相信期权等各种产品出来后，散户在市场上越来越难具备信息优势和技术优势，所以未来更多的人会将资金交给专业机构去打理。

对于普通投资者来讲，你如果有兴趣或者有良好的数学、计算机背景，可以从事这方面的工作，将来可能会成为一个耀眼的量化基金经理。如果没有这样的能力，不妨去关注一些量化做得好的机构或者产品，然后将资金委托给他们去管理。毕竟时代在变迁，别人都开始用大炮、飞机的时候，你死守着大刀长矛在市场上搏杀还是比较悲壮的。

# 告诉散户两个字：套利

本节介绍了套利这种新交易模式，与传统的赌方向不同，套利策略通过两个相反的操作锁定市场风险，赚取波动率差的收益。目前国内可以操作的套利模式主要有：ETF 套利、股指期货套利、国债期货套利、商品期货套利、阿尔法套利。

套利，通常指在某种实物资产或金融资产拥有两个价格的情况下，以较低的价格买进，较高的价格卖出，从而获取无风险收益。例如在纽约和伦敦市场上同时交易的某只股票。假定在纽约市场上该股票的价格为 172 美元，而在伦敦市场上该股票的价格为 100 英镑，当时的汇率为 1 英镑兑付 1.75 美元。套利者在纽约市场上购买 100 股该种股票，然后在伦敦市场上将它们卖出，在不考虑交易成本的情况下，可获得无风险收益为：100×（1.75×100-172）=300 美元。

大的投资公司在股票市场和外汇市场上的交易成本都很低，它们会发现以上套利机会极具吸引力，并会尽可能地利用这种机会。需要注意的是套利一般是在两个品种或两个市场中完成的。

## 什么是套利

从经济学的原理上来讲，套利是通过寻找市场的缺陷去赚钱，正常的市场中，股票收益来自于上市公司的分红。一个业绩经营稳定的公司，由于收益很好，它的分红率很高，于是股价会长期往上涨，指数也会长期上涨，相应的股票配置和指数配置将会获得良好收益。

完美市场是不存在套利机会的。有效市场假说认为如果市场当中的信息充分流通的话，没有股票是被低估的，也没有股票是被高估的，中间不可能有任何的套利机会。套利从原理上讲认为这个市场不够完美，中间有很多的问题，从而存在套利的可能性。比如可以用股票跟股指期货做套利，期权可以跟期指做套利，由于金融市场不可能是完美的，所以市场上永远有套利机会，套利也成为海外各大对冲基金，包括国内的一些机构资金，保险、券商这些追求稳定收益的一个主要获利方式。套利从本质上来讲风险是比较低的。当然并不是说所有的套利策略都是无风险的，但总的来说套利的风险属于可控范畴。

相对来说，投机是一个高风险、高收益的策略，比如买股票赌涨，做空期货赌跌都是风险很大的投资策略。2008 年大盘跌了 70%多，很多股票跌了 90%以上，风险巨大。当然如果做对了方向，赚得也很爽，2006 年到 2007 年的大牛市，指数涨了 5 倍，个股涨了 50 倍的比比皆是。这种赌方向的策略获取的高收益是因为承担了高风险。

投机策略对于一些大的机构资金，比如银行、保险是不适合的。这么大体量的资金进入市场，收益率会大幅降低。此外，大体量的资金随便亏一点，损失都很惨重，因此它更希望找到一个跟市场方向无关的套利策略。套利策略的特点是低风险、低收益，一般来讲其收益大概在 8%到 15%之间。稍微有一点点风险的套利，比如跨市场套利、跨品种套利的收益大概大概是在 20%左右，当然它也可能会少少地亏一点。所以可以看出套利和投机的区别在于一个是追求高收益，一个是追求稳定收益。套利策略特别适合那些追求稳定收益的客户。

资产管理要做什么？我的建议是绝对不要做高收益策略，为客户管钱，追求 100%的高收益是没有意义的，因为你可能会亏 50%，这样会身败名裂。应该做一个低风险、低收益的产品，如做套利一年为客户赚个 15%~20% 的收益已经是非常不错的成绩了。千万不能亏钱，否则后面会很难办。

你有什么样的产品就有什么样的客户群，银行理财收益低，但是它很稳定，所以特别适合大资金客户。很多大户可能拿几个亿去买银行理财，因为对他来讲，收益比银行存款高那么一个点就是很好的事，没有必要冒风险去博高收益。有资料显示，公募基金中 1000 万以上的大户占比非常少，基本上都是小散户在玩。正所谓“穷人要搏命，富人要稳定”。玩期货、外汇、股票，特别是小盘股，大多数是散户。他没多少钱，希望搏一把翻身。但是富人的资金体量特别大，只要赚那么一点，换成绝对收益也会很多。所以如果你提供的是低风险、低收益的策略的话，你的客户群主要就是一些富人。海外对冲基金的主要客户是各种养老基金、捐赠基金、大学基金，因为这些基金是不能亏钱的，对他们来讲，一年赚 5%、6%都是非常好的事。国内的公募基金基本上都成为散户搏命的地方。

## ETF 套利

光大证券乌龙指事件让 ETF 套利一时成为网络上的热门词汇，诸多网友用“不明觉厉”来表达自己作为投资菜鸟对 ETF 套利这种高手赚钱方式的崇拜。据光大证券公告显示，出事的光大证券自营盘当天所做的正是 ETF 套利操作，这种操作在执行中拼的是速度，执行速度快，才能赚到钱。

ETF 是交易所交易基金的英文简称，目前沪深两市有多只 ETF 在交易。ETF 套利的基本原理就是利用 ETF 和指数的波动差赚钱。比如当上证 50ETF 的市场交易价格高于基金份额净值时，投资者可以买入组合证券，用此组合证券申购 ETF 基金份额，再将基金份额在二级市场卖出，从而赚取扣除交易成本后的差额。相反，当 ETF 市场价格低于净值时，投资者可以买入 ETF，然后通过一级市场赎回，换取一篮子股票，再在

A 股市场将股票抛掉，赚取差价。所以，无论市场上涨还是下跌，只要存在溢价或折价交易，理论上都有套利机会。

ETF 有两个价格，一个是一级市场价格，一个是二级市场价格。一级市场是申购赎回的价格，二级市场是在交易所交易的价格，这两个市场的价格不完全一致，这样就产生套利的机会，这也是 ETF 设计时有意给的机会。因为有了套利机制，整个市场活跃度就会大大增加。

当一级市场申购赎回的价格低于二级市场价格的时候，可以买一个成分股组合，如根据沪深 300 的配比买成组合，然后找到基金公司换成 ETF 份额，到二级市场卖出赚取差价。当 ETF 的一级市场价格比二级市场价格高时，可以到交易所买入 ETF，到基金公司那里换成份额相应的股票，然后到交易所将股票卖掉赚点差，这就是 ETF 套利的基本原理。

要完成这样的套利操作，首先是需要进行高速篮子买卖的交易系统；其次是快速的申购赎回系统，能够跟基金公司对接，几秒之内完成申购赎回，然后到二级市场卖掉。整个套利流程在市场上的机会时间大概也就 5 到 10 秒钟左右，所以 ETF 套利对交易系统的速度要求非常高。

目前在中国的 A 股市场，ETF 套利的年化收益率是 8%到 10%左右，能够容纳的资金规模大概也就 5 个亿以内，因为 ETF 的流动性比较差，几个 ETF 加起来每天的成交量大概在 30 亿以内，所以 ETF 并不是目前 A 股市场上主流的套利策略，但是它作为一个无风险收益策略，依然受到很多人的追捧。

## 股指期货套利

股指期货套利是用股票组合和股指期货之间的价差赚钱，比如现在沪深 300 的指数期货比现货高 20 个点，那么这 20 个点就是套利空间，具体操作方式是买入沪深 300 的指数组合或者 ETF，同时做空股指期货。根据股指期货的结算规则规定，到结算日强制收敛于现货价格，比如现在的指数期货是 2400 点，现货是 2300 点，中间差 100 点，假定到月底时都不变的话，指数期货的结算价就是 2300 点。所以无论大户多有钱，试图操纵市场都是没用的，因为到了结算日，指数期货会强制收敛于现货点位，这就是股指期货套利的基本原理。上述方式叫正向套利，还有一种叫反向套利，比如指数期货比现货要低，因为到月底价差也会归零，这时候就买入股指期货，同时融券做空股票，虽然 A 股市场现在因为融券比较少，不太好做，但是机会还是有的；到结算日价差归零，可以赚取无风险收益。

这个套利机会会不会随着参与的人越来越多逐渐消失呢？实际上机会永远都有的，因为股指期货从理论上讲应该永远比现货价格高，当然分红季除外。股指期货合约代表未来时间的价格，比如下个月的股指期货合约理论上价格一定要比现在的价格高，否则的话投资者就会卖出指数，将资金拿去存银行。除非下个月的股指期货价格和现货指数的价差超过资金成本收益，我才会考虑卖出下月的股指期货。这个叫资金的时间成本，在大多数情况下，远月的期指一定要比现货价格要高，这是金融市场的基本规律，所以永远有套利机会。

从截止到 2014 年底发行的各种量化对冲产品的情况来看，股指期货套利是目前 A 股市场上主流的套利模式，所能容纳的资金规模大概是在 30 亿到 50 亿之间，收益率大概是 8%到 12%左右。

## 国债期货套利

2013 年 9 月 6 日，阔别 18 年之久的国债期货正式重启，今非昔比，如今的国债期货，面临着与 18 年前截然不同的金融环境，在 2000 年以前，我国国债市场每年发行量在千亿元级别，而目前则达到了万亿元级别，强大的现货市场也能够有效纠偏期货市场的差错。国债期货重启的消息一出，各路专家纷纷给出解读，普遍认为国债期货上市初期将带来较大的套利空间。

对于已经在国债 ETF 上有所布局的基金公司而言，国债期货的推出或可改变目前产品稍显低迷的窘境，成为玩家们在期货和现货市场进行套利的工具，交易和规模都将得到极大的刺激。上世纪 90 年代初，中国曾一度开放国债期货交易，然而监管与风控系统并没有跟上市场发展的步伐，伴随着轰动一时的“327 违规造作事件”落幕，运行不到三年的国债期货一停就是十八年。

国债期货刚刚上市的时候，很多机构被排除在投资者之外，比如银行、保险不能开立国债期货交易账户，基金也只能少量参与，这点很像股指期货刚上市的情况。2010 年 4 月股指期货刚上市的时候，套利空间非常巨大，年化收益率 50%以上，而且几乎没有风险。仅仅半年之后，这个套利机会就消失了，目前的股指期货套利盈利也就 8%～12%。所以国债期货刚上市的时候，也有非常多的套利机会，期现套利中可以买一系列国债组合，同时做空国债期货，到月底后，如果这些国债被选为最便宜交割券的话，国债期货的价格就会向这个最便宜交割券收敛，投资者只要把这个券交割掉即可。

国债期货的杠杆特别大，它目前设定的保证金是 3%，期货公司的保证金大概是 4%，也就是说有 25 倍的杠杆，相比之下，股指期货只有 5 倍的杠杆，因为它是 20%的保证金。所以国债期货的资金利用率高很多，虽然现在国债期货的交易量很清淡，相信随着国债交易逐步从银行间市场转到交易所市场，未来国债期货的套利机会将大大增加。目前业内一些从事国债期货套利的团队发行的产品的收益率基本上都在 15%～25%之间，相当可观。

## 商品期货套利

商品期货套利属于风险套利类型，因为很多商品期货品种的价差关系可能未必会收敛。比如大豆和豆油之间存在压榨套利的机会，基本原理是大豆榨完油后有两个产品，一个叫豆油，一个叫豆粕，豆油是给人吃的，豆粕是给猪吃的。如果大豆的价格涨了，豆油和豆粕的价格应该同时涨，但由于这两个品种是在不同的交易市场交易，比如在节假日人们对豆油的需求会比较高，在生猪大量养殖的时候，对豆粕的需求比较旺盛，从而带来了豆油和豆粕之间的价差波动。大豆价格涨了之后，豆油价格很快跟着涨，豆粕可能要过几天才能涨，中间会有一个时间差，那么可以做空豆油，做多豆粕，等待过几天豆粕补涨后，赚取价差回归的利润。

目前国内商品期货市场有很多套利对，比如大豆、豆粕、豆油、菜油、棕榈油、PVC，这些产品之间很多具有稳定的上下游关系，波动率也处于一个范围之内，从而带来了很多稳定的套利机会。目前很多的期货私募发行了这种类型的 CTA 基金产品，国内一家顶尖的期货公司已经发了将近 10 个亿这样的产品，收益率平均都在 25%以上。当然这种类型策略还是有一点风险的，它在中国市场目前平均的收益是 20%到 30%，能够容纳的市场规模大概也就 20 亿左右。当然如果愿意降低收益率的话，容纳空间会变大，比如收益率只要 15%，那资金规模会扩大，因为资金规模越大，收益率越低，这是一个最基本的经济学原理。期权出来之后还有更多的套利机会，在海外期权套利是主要的套利方式之一，而且期权交易量远大于期货，相信未来中国衍生品市场全面放开后，套利机会会非常多，各种各样的套利产品都会出来。

## $ 阿尔法套利

阿尔法套利也是在国际市场对冲基金中最主流的一种套利方式，全球最大的对冲基金叫 Bridge water，其管理资金规模 1400 亿美元，旗舰产品就是“Pure Alpha”。前面讲股指期货套利是百分之百复制指数的，这就意味着无法赚取指数的超额收益。如果有一种方法能够找到超越市场的股票组合，在做对冲之后不是可以赚得更多了吗？这个超额收益就叫阿尔法。比如大盘指数涨了 10%，股票组合涨了 15%，那就超额 5%，这个 5%称之为阿尔法收益；如果大盘指数跌了 10%，股票组合只跌 5%，比指数少跌 5%，这 5%也叫阿尔法收益。

构建这样的组合，不再是对沪深 300 全复制。2013 年初的时候，用模型发现小盘股可能会有超额收益，于是大量配置小盘股组合，同时做空股指期货。2013 年的行情中，指数稍稍跌了一点，但是创业板指数和小盘股指数都大幅度上涨，这样对冲后的阿尔法收益将近 50%，这就是阿尔法套利的典型应用。

还有一个例子，2011 年沪深 300 指数跌了 25%，但是上证 50 指数只跌了 10%左右，那时候主要是小盘股在狂跌，大盘股跌得少。如果那时候有模型能判断出大盘股可能会有超额收益，就可以买上证 50 的成分股，同时做空沪深 300 指数。因为沪深 300 跌了 25%，做空这部分会赚 25%，上证 50 组合会亏 10%，这样中间也有 15%的收益差，这个 15%也称为阿尔法收益。

当然这种收益是有一些风险的，跟股指期货套利还不太一样，股指期货套利因为是全复制，基本上没有风险，只要机会出现建好仓位，一定能够赚到。阿尔法策略则存在判断错误的风险，比如 2011 年错误配置小盘股，2013 年错误配置大盘股，这样的阿尔法收益可能就是负的。所以这个东西不是很稳定，略有一点风险。但是由于对冲了股指期货，就算判断错了也亏不到哪里去，因为期指还有一个额外收益，整体的产品不一定会亏很多钱。中国市场的阿尔法套利的主流收益率在 15%到 20%之间，能够容纳的资金规模为千亿级别，所以这种策略是最主流的对冲基金策略，在海外对冲基金市场占据 30%以上的份额。

对于普通散户来说，需要知道的是在中国市场，并不是只有做股票才能赚钱，并不是只有做多才能赚钱，利用套利策略完全可以在熊市中也赚到一个稳定的收益。光大证券的自营部门主要就是依靠这个赚钱，还有很多私募也发行了类似的产品，为投资者取得了相当不错的收益。因为这些不是公开的量化基金，很多人认为其效果好像不怎么样，其实这是一个误解，因为公募基金的架构并不适合做套利，公募中的量化基金的整体收益率并不突出，但是这并不意味着量化对冲不行，恰恰相反，真正赚钱的基金往往都在私募基金中，相信未来随着中国衍生品大幅度放开，量化对冲会迎来更多的发展机会。

# 股价真的可以被预测吗

本节讨论了金融市场的一个根本性问题：股价真的可以被预测吗？这也是关系到各大分析师和基金经理饭碗的核心问题。历史上对这个问题一共有随机游走模型、有效市场假说和现代资产定价理论三种回应，2014 年诺贝尔奖的颁奖词也给出了结论：股价从短期来看是无法预测的，但是从长期来说是可以通过分析方法获得大致走势的。这为所有金融市场的分析师们吃了定心丸。

2014 年的诺贝尔经济学奖终于和普通人有了点关系，预测股价的方法终于被当成一门科学受到认可。2013 年 10 月 14 日，瑞典皇家科学院将 2013 诺贝尔经济学奖颁发给了三名美国经济学家：74 岁的芝加哥大学布斯商学院教授尤金·法玛、60 岁的芝加哥大学教授彼得·汉森和 67 岁的耶鲁大学教授罗伯特·席勒。这三名经济学家将分享 800 万瑞典克朗，约合 120 万美元的奖金，以表彰他们对“资产价格的经验主义分析”作出的贡献。

其中法玛的“有效市场假说”格外引人关注，因为多年来，股价是否可以被预测一直是学界和民间争论的一个焦点。此议题之所以重大，是因为它直接牵涉到资产管理行业是否可以生存的问题，更关乎金融学学科根基的问题。尤金·法玛 1939 年出生于美国马萨诸塞州的波士顿，被称为金融经济学领域的思想家。1964 年获芝加哥大学博士学位，其博士论文为《股票市场价格走势》。法玛在 1970 年首次提出“有效市场假说”，历经四十多年的市场洗礼和验证，成为近年来金融领域最著名、影响力最大的理论学说。那么究竟什么叫有效市场？股价真的可以被预测吗？

有效市场假说阐述了一个最根本的问题：股价到底可不可以被预测？如果股价不可以被预测，就意味着现在所有的分析师、股评家、基金经理全部都应该下岗。我们经常碰到散户说某些分析师是黑嘴，他推荐啥股票啥股票就会跌，那么真的是因为他的“嘴黑”，还是因为他没有能力分析呢？也有很多人说股票分析师跟算命先生没有区别。

瑞典皇家科学院给出的总结词：“股价在短期内不可被预测，但是在中长期还是在一定程度上可以被预测的”，这个结论可以说救了所有分析师一命，理论上已经证明了分析师和基金经理存在是有价值的。

## 随机游走模型

有关市场的有效性问题要追溯到一百多年前的随机游走模型，在 1900 年代由法国数学家路易斯·巴舍利耶提出。他当初是想分析金融市场，包括股票市场、期货市场、期权市场的金融产品价格能不能被预测。他得出的结论是在一个大的范围内，金融市场价格是一个布朗运动，不可被预测。

1827 年，英国植物学家布朗用显微镜观察悬浮在水中的花粉时发现，悬浮微粒永不停息地做着无规则运动，后人就把这种完全无法用数学来表达的现象称之为布朗运动。

1970 年，法国数学家路易斯·巴舍利耶把统计分析的方法应用于股票收益率的分析，发现其波动的数学期望值总是为零，他认为股票价格的变化类似于化学中分子的“布朗运动”，具有“随机漫步”的特点，由此提出了在金融领域影响深远的“随机游走模式”，目前几乎每一本西方金融学教材中对股价走势的这一模型都有提及，它本质上认为股价走势是随机的，股价不可预测。

当时路易斯·巴舍利耶得出结论认为金融市场完全是一个布朗运动，没办法被预测，确切地说是没办法被精确预测。1900年以前的经典物理学时代几乎都用一个标准数学公式去预测未来的发展，比如牛顿力学、电磁波理论等。只要约束条件不变，过去是什么样，未来还是什么样，不会因为时间变化而产生不一样的结果，完全可以通过经典数学来描述。

但是现代数学产生之后，我们发现很多的现象没办法用经典数学描述，必须用现代数学，尤其是统计学。更多的时候我们只能判断出未来发展的一个大致方向，概率是80%还是90%，就是没办法100%精确判断。路易斯·巴舍利耶提出了随机过程理论，并用随机过程来对金融市场做解释，后人在随机过程的基础上也做了很多的工作。现在随机过程已经成为金融学乃至整个社会学的基础理论之一。

当然巴舍利耶的命运不是很好，不像爱因斯坦那样获得巨大声誉，他的这篇文章在他活着的时候几乎被淹没，50年之后一次非常偶然的事件中一个统计学家发现了他的理论价值。

## 有效市场假说

根据巴舍利耶的理论，金融市场没办法被精确预测，分析师和投资经理所做的工作都是瞎胡扯，全部都该下岗，这个结论非常悲伤。很多年之后尤金·法玛提出的“有效市场假说”，在这个基础上得出了一个更新的结论：金融市场在某些情况下还是可以被预测的。这个有效市场假说分为三个阶段：弱有效市场、半强有效市场、强有效市场。

弱有效市场状态下，股票的价格已经包含了所有过去价格的信息，价格、成交量、融资金额等与价格相关的历史信息全部表现在当前股价中，也就是说在弱有效市场的情况下，根据历史信息去预测未来完全没有意义，换句话说在弱有效市场的情况下，技术分析失效。现在绝大多数散户用到的技术分析，如K线、KD、均线、MAC等指标都是基于历史价格信息而来的，在弱有效市场情况下失效。

当市场中有越来越多的人参与后，将会进入半强有效市场。在半强有效市场中，基于所有公开信息的投资策略是失效的。公开信息包括公司基本面信息、行业信息、宏观信息等。现在很多研究员都要去上市公司做调研，看公司的库存和销售，或者解读M2，PMI等数据，这些都是公开信息，在半强有效市场的情况下，基于这些公开信息的投资策略是无法获得超额收益的。

而到了强有效市场，就是完美市场中，任何主动投资策略都已经失效，在这种情况下，就只能做被动投资。这就是尤金·法玛提出的有效市场假说的基本内容。

金融市场都是从无效到弱有效，再到半强有效，最后到强有效，这么一步步走向成熟的。金融市场刚开始建立的时候是无效的，因为玩的人很少，玩的人越来越多后，有效性逐步增加。

很多人会问，这个有效到底是什么意思呢？举个例子，假如大街上有人丢了个钱包，过了一年才被人捡到，我们就说这个市场的有效性是很差的。如果过了三天就被捡了，这个有效性就要比前面强一些。如果只要有人丢了钱包，瞬间就会有人冲上去抢，说明市场有效性非常强。关注市场的人越多，市场有效性就越强。

中国资本市场最初发展的时候是无效市场，玩的人很少，很多人根本就不明白股票是什么，这时候你只要有个消息，很快就会赚钱。当参与者越来越多之后，市场有效性慢慢增加，因为关注的人越来越多，免费午餐的事也就越来越少了。所以可以将有效性简单地理解为对市场的关注程度。

法玛最大贡献在于他证明了在不同的情况下，可以用不同的投资方法来获得超额收益。中国市场刚起步的时候，比如从 1990 年到 2000 年这十年，基本上可以把这段时间看成是一个无效市场。因为那时候参与的人非常少，基本上以散户为主，基金和机构数量非常有限。散户对信息的获取能力以及数据分析能力和上市公司的调研能力都比较弱，那时候市场上的分析师，特别是有水平的分析师非常的少。在这种市场环境下，技术分析就比较有效。所以从 1990 年到 2000 年这十年间，那时候如果有散户会看 K 线，知道什么叫均线，什么叫 KDJ，他就跟股神一样非常容易赚钱。

但当越来越多的人用技术分析之后，这种方法就逐步失效了，因为市场的有效性越来越强了，这时候中国的资本市场开始进入弱有效市场，差不多就是从 2000 年开始到 2010 年这十年间，其中一个代表现象就是公募基金开始跃上舞台。公募基金的数据分析能力、处理能力以及资金优势、信息优势是散户不可比拟的，在这十年时间里公募基金整体收益率远远超过市场平均收益。公募基金采用的就是基本面分析方法。

基本面分析和技术分析区别在于它的数据基础不一样，技术分析用的是历史价格信息，基本面分析除了历史价格分析外，还有一些公开信息，比如说上市公司财务数据、EPS，M2、PMI、宏观政策、行业信息等，这些数据的信息含量显然比价格数据要高很多。我们知道超额收益来自于超额信息，富人为什么变得越来越富？就是因为他们有圈子，能够知道更多有价值的信息。想赚钱就必须掌握信息，所以整个金融战争其实就是一个信息战争，这就是过去十年为什么基本面分析比技术分析强的原因，因为基本面分析掌握了更多的信息。

根据有效市场假说，在弱有效市场的状态下，技术分析是失效的，要想获得超额收益就只能依靠基本面分析。这在中国的资本市场的历史中也能得到验证。2000 年到 2010 年这十年中，做技术分析的散户从整体来看基本上跑不赢市场，而公募基金是远远超于市场的。我看过一个资料说，

2007 年这样的大牛市中，散户的盈亏面是 50%对 50%，也就是说，在这么好的一个市场环境下，也只有 50%的散户是赚钱的。这就是市场变得越来越有效的一个明显证据。

市场继续往前发展，机构投资者越来越多，各种信息会快速传播，在现在的移动互联时代，任何上市公司只要有一个新的消息，就会迅速通过短信、微博、微信的方式一瞬间让所有人都知道，这就意味着金融市场开始进入了半强有效状态。在半强有效市场中，任何基本面分析都是没有用的，因为任何基于公开数据的分析都会失效。

历史数据研究也表明，从 2011 年到 2014 年的这段时间，公募基金指数已经无法超越市场，这就证明了公募基金作为一个整体已经无法获得超额收益，这从另外一个侧面证明了基本面分析在半强有效市场已经失效。那么在半强有效市场中怎么才能够获得超额收益呢？法玛说有两种方式：一种叫内幕消息，一种叫做私人消息。现在很多行业分析师要想获得比较好的结果，基本上都以挖掘内幕消息为主。谁先知道国家宏观政策走向，谁先知道央行发布的货币政策，谁先知道上市公司的业绩情况，才能作出比别人更好的业绩出来。

但是内幕消息也好，私人消息也好，都是被严格监管的，因为这种内幕消息的方式违背市场公平，尤其是在美国这样严格监管的成熟市场中，依靠内幕消息获利会面临严格的刑法处罚。因此在这种情况下，就产生了另外一种对市场进行分析的方法，叫做量化分析方法。

电影《窃听风云》的故事可以浓缩为“一则内幕消息引发的血案”。反观现实生活，每次牛市里层出不穷的所谓某只股票即将连拉 N 个涨停板的内幕消息，不知让多少投资者为之抓狂。不得不承认，由于追求暴富心理的存在，部分投资者总是喜欢花心思猜测市场走势尤其是打听内幕消息，认为只有这样才是赚大钱的门道。

但现实是，就算一时侥幸得手，也难保证最后的收益。别忘了《窃听风云》的电影中还有这样一幕人间惨剧：一位以为撞到了发财大运跟着窃听精英们买股票的大妈，最终随着股价的暴跌在万念俱灰下跳楼身亡。所以，在半强有效的中国资本市场，必须还有另外一种可以预测股票走势的方法存在，那就是量化分析。

最近这两年，因为内幕消息和老鼠仓被抓进去的分析师和基金经理不在少数。所以海外金融市场走了另外一条路，就是通过数据挖掘的方法，从公开的数据中挖掘出隐藏的信息，换而言之，就是量化投资的方法。

在法玛的有效市场假说中并没有提及这种方法，那是因为在五十年代没有数据挖掘这门学科，这也是最近十年，由于计算机科学和人工智能的高速发展才诞生的一种新的对分析金融市场的模式。

利用公开的数据构建复杂的数学模型找到隐藏的规律，比如发现石油板块涨了以后可能会立刻带动石化板块，我们可以用计算机对这样的版块进行监控，一旦发现有异动，则进行相应的买入或卖出操作。这样快速交易的行为或者说一闪即逝的交易机会也只有基于计算机的系统才能够发现。

通过公开数据挖掘出隐藏的信息就意味着获得了更多的信息，这样就可以获得超额收益，这也是过去十年为什么海外量化投资得到高速发展的原因。因为在半强有效市场，通过公开信息已经无法战胜市场。

到了第三阶段，也就是强有效市场的情况下，所有的信息，不管是公开的还是非公开的都无法使投资者战胜市场。这种情况下，唯一可以做的交易就是进行指数化投资，或者说被动投资。这是最理想的情况，哪怕是在美国这样的成熟市场，依然没有达到完全的强有效。

中国市场现在已经开始逐步进入到半强有效市场。在这种情况下，基于量化分析的投资方式，或者说做量化投资的分析师和基金经理还是有饭吃的。

## 投资流派

但是有效市场理论也有搅局者。中国投资者熟悉的巴菲特便是对此理论持怀疑态度的代表之一。为了印证自己的观点，2008 年 6 月，巴菲特不惜重金设下一场赌局。当年 6 月 9 日，美国《财富》杂志曾以一篇名为“巴菲特赌局”的文章浓墨重彩地描述了这一赌局称，传奇“股神”沃伦·巴菲特宣布自掏腰包 32 万美元，赌对冲基金组合在未来十年无法胜出标准普尔 500 指数；来自纽约的对冲基金 Protégé合伙公司回应了这一赌局，站到了巴菲特的对立面。

赌局尚未到揭标日，鹿死谁手尚未可知，但这一富有美式娱乐精神的赌局非常耐人寻味，期望依靠不同的手段击败市场的投资家们，在究竟何种方式能最终战胜市场这一问题上，意见分歧竟然如此之大，不惜通过设赌局这一低级方式一拼高下。有效市场怀疑论者巴菲特强调公司估值与选股等价值理念，这与遵循有效市场的被动投资是冲突的。Protégé合伙公司创始人之一泰勒·赛迪斯说：“与巴菲特打赌，是解决投资界长期以来关于主动管理与被动管理理念的价值分歧的好主意”。

正是基于对市场有效性的不同理解，产生了两大投资流派，一个叫主动投资，一个叫被动投资。主动投资认为市场上存在着错误，可以通过自己的努力去战胜市场获得超额收益。被动投资就认为这市场已经非常的有效，与其费尽心力想办法战胜市场，还不如去跟随市场，做指数化的投资即可。

主动投资学派最早可以追溯到格雷厄姆写的《证券分析》，在书里他介绍了各种分析证券尤其是债券的方法，其目的是想办法获得超额收益。目前国内主要的公募基金、阳光私募的基金经理，都是以追求超额收益为目标的主动投资流派。

被动流派的基本思想就是说既然市场是有效的，那不如做指数投资，做各种各样的 ETF，让投资者自己选择即可。如果你想冒险可以买小盘股的 ETF 基金，如果想稳健则可以购买蓝筹股的 ETF 基金。

过去 30 年，由于有效市场假说的重大影响，被动投资流派得到了很大发展，1970 年代初先锋基金开发了第一个指数基金：先锋 50。从此以后以指数基金为代表的被动投资得到了飞速发展，此时做被动投资的基金经理非常开心，做主动投资的则相当苦逼。

在中国市场过去五年中，我们也看到了类似的现象，ETF 基金、指数基金发行比较容易，传统的公募基金则不容易得到市场认可。哪怕是 2013 年业绩很好的小盘股公募基金，依然遭遇了很大的赎回，原因就在于投资者越来越成熟，他开始知道一些主动管理基金之所以业绩不错，是因为做了一些高风险的投资行为，并不是真正具有主动管理能力。所以这种类型的基金业绩好了，往往就会引来大量的赎回行为。几个大的 ETF 基金的规模和成交量都逐步呈现上升之势，我们正在复制海外市场走过的道路。

中国的公募基金和私募基金将走向两个截然不同的方向。公募基金逐步地工具化，比如发行各种各样的 ETF 基金、指数基金、分级基金等。管理费廉价、成本很低，投资者想怎么玩就怎么玩。公募基金有条件做到这一点，因为它首先有牌照优势，例如 ETF 基金不是什么人都可以随便发的，必须要有证监会的审核通过。其次公募基金的治理比较规范，分工也比较严格，大家比较相信公募基金做工具。但是公募基金的劣势在于激励机制不足，所以那些真正具有主动管理能力的基金经理，不太可能在公募基金长期做下去，他们中间的绝大多数都会去做私募基金。

私募基金的发展方向将是以绝对收益为主要目标的对冲基金，因为传统赌方向的公募基金已经很难再获得投资者的信任。私募基金为投资者追求绝对收益，不管是牛市还是熊市，都能够给投资者带来一个正回报。在牛市中可以获得不错的收益，在熊市中也不会亏钱，这才是稳定资金所追求的目标，只有通过量化对冲的方式才能做得到。私募基金的竞争也将会非常残酷，如果不能够为投资者真正地创造收益将很快被市场所淘汰，当然私募基金的激励机制也使得真正优秀的基金经理可以获得最大的回报。

所以当中国的金融市场有效性增强后，普通的散户将会被慢慢挤出市场。美国的历史也表明，市场机构化的历史进程不可阻挡。因为散户在信息获取、交易速度、交易处理等方面和机构相比有着较大的差距。

从有效市场假说的结论，我们可以知道股价是可以被预测的，但是在不同的阶段，预测的手段是不一样的，在无效市场可以用技术分析，在弱有效市场用基本面分析，在半强有效市场做量化分析，然后在强有效市场所有分析都是失效的。

# 创业板：咬定别松口

2013年以来，创业板持续上涨，分析师和专家对此莫衷一是，很多人认为这只是一种炒作和投机，本节从法玛三因子模型为基础说起，试图阐述创业板持续上涨的背后逻辑。法玛三因子模型已经证明了小盘股长期具有超额收益，因此创业板的上涨是有经济学原理做支撑的。

## 小盘股效应

自2009年正式上市以来，关于创业板的争论就一直不休。今年以来，在文化传媒、网络科技、网络游戏等热点板块疯狂上涨的带动下，创业板指数几乎翻番，并创下1423.97的历史高点，而且以中青宝、华谊兄弟、华谊嘉信、东方财富、天舟文化、上海钢联、光线传媒等为代表的焦点股，股价涨幅全部超过300%，其中中青宝以783%的涨幅位居第一。

在创业板股票的轮番炒作下，创业板市场整体市值一度较2014年年初激增75%，2013年10月9日，创业板市场的市值一度达到年内的“巅峰”，整个创业板355家上市公司的总市值达到1.5万亿元，超越了1.2万亿元市值的中国石油。不过，创了新高后的一个月以来，创业板股票遭遇严重抛售，股价明显下挫。仅华谊兄弟一家公司，一个月内市值就锐减200亿元左右。数据显示，10 月 9 日至 11 月 8 日一个月的时间内，整个创业板市值降至 13 590 亿元，缩水 1731 亿元。创业板的起伏跌宕究竟原因何在？缓过气来的创业板还会延续火爆的行情吗？我们手持的创业板股票，究竟是抛还是留？

2013 年以来创业板持续火爆，各大分析师和经济学家对此都各执一词，有人认为这是中国经济转型的开始，有人认为这纯粹是投机炒作。2013 年年底这段时间创业板下跌了将近 20%左右，很多人都认为创业板泡沫终该散去，那么创业板的上涨真的只是泡沫吗？真的只是投机吗？我们首先来看一张图。

图 18 是美国过去 35 年的一个指数走势图。最上面的波线叫罗素 2000 指数，中间的波线是标普 500，最下面的是道琼斯指数。罗素 2000 指数有点类似于中国的中证 500 指数，是以中小盘为主的指数基金。最下面的道指类似于中国的上证 50，主要是以大企业为主的指数。

我们从图 18 上可以看出，罗素 2000 指数在过去 35 年的走势远远强于道琼斯指数。我们再来看一下表。

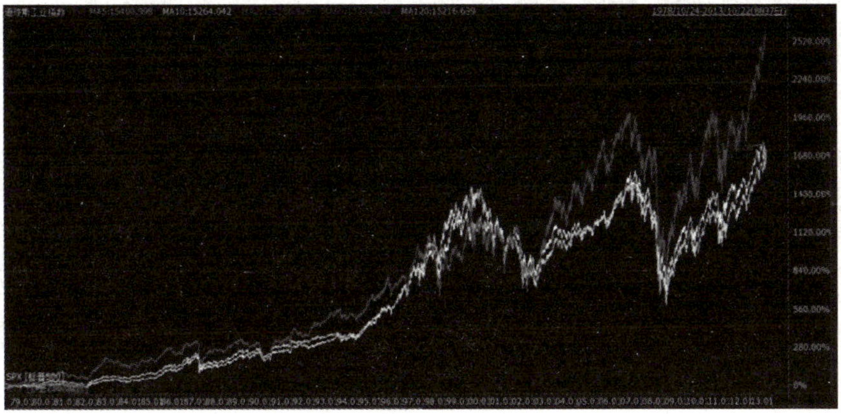

图 18　美国过去 35 年

表 13 显示的是罗素 2000 指数与道琼斯指数在总超额收益和年化超额收益方面的比较。

**表 13　罗素 2000 指数与道琼斯指数对比**

| | 35 年总收益 | 超额收益 | 年化超额收益 |
|---|---|---|---|
| 罗素 2 000 | 2 753.28% | 953.43% | 1.33% |
| 道琼斯指数 | 1 799.85% | | |

从表中可以看出，罗素 2000 指数过去 35 年的总收益超过 28 倍，而道指只有 18 倍不到，总的超额收益将近 10 倍左右，折算成年化应该是 1.33%。这个超额收益并不多，但是对于美国这样的成熟市场，如果每年能够超越指数 1.3%的话，已经非常不容易。因为美国共同基金的 95%都是跑输指数的，罗素 2000 不但能够跑赢，而且每年能够超越 1.33%，这已经很厉害了。

说到这里大家就会想，罗素 2000 指数代表了中小板的集合，那是不是意味着中小板长期以来确实会超越大盘呢？中国市场是不是也有这样的情况呢？

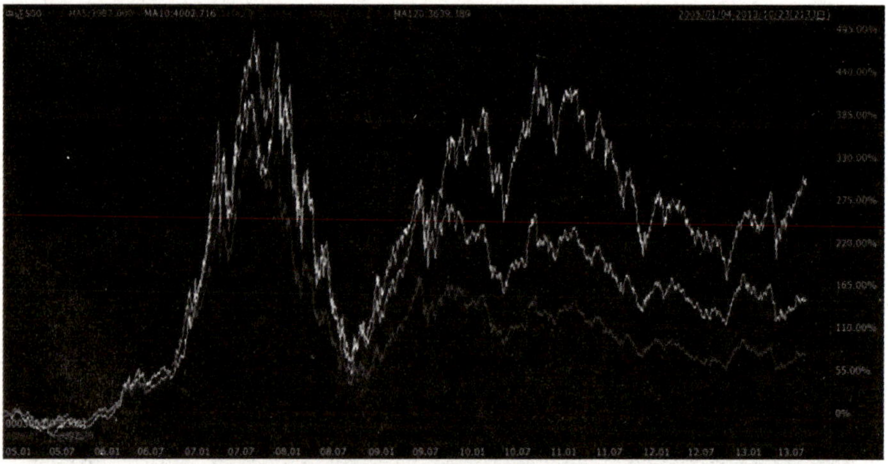


**图 19　中证 500 指数相对上证的总超额收益、年化超额收益**

图 19 是中国过去 9 年的指数情况，最上面的是中证 500 指数，中间的是沪深 300 指数，最下面的波线是上证指数。我们看到中证 500 指数远远超越沪深 300 和上证指数。

中证 500 指数基本上以中小板为主，而沪深 300 指数一部分是大盘，一部分是中小盘，上证指数基本上是以大盘为主。我们再来看一个分析表格会发现中证 500 指数相对于上证指数有明显的超额收益，如表 14 所示。过去 9 年中证 500 指数的总超额收益超过了 220%，折算成年化超额收益为 10%左右，这是一个非常可观的收益。

表 14　中证 500 与上证指数收益率对比表（2005 年—2014 年）

| | 9 年总收益 | 超额收益 | 年化超额收益 |
|---|---|---|---|
| 中证 500 | 397.62% | 221.96% | 10.11% |
| 上证指数 | 175.66% | | |

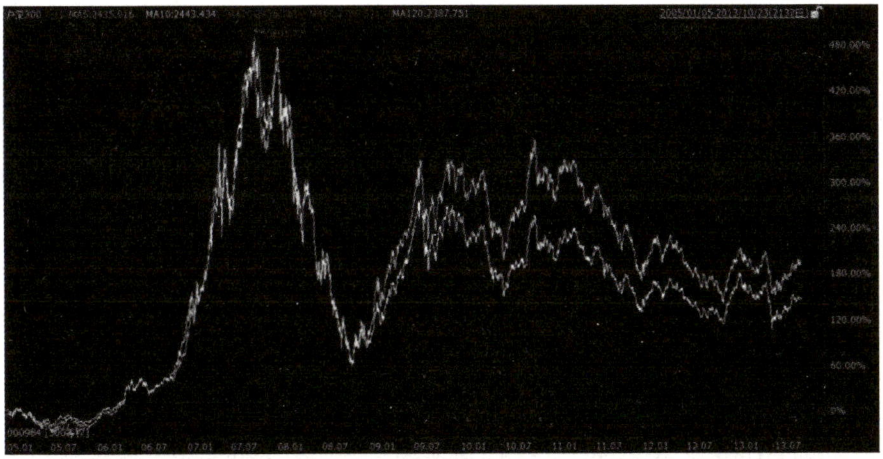

图 20　沪深 300 等权指数相对沪深 300 指数的总超额收益、年化超额收益

如图 20 所示，图中有两条曲线，上面的是沪深 300 等权指数，下面的是普通的沪深 300 指数。普通的沪深 300 指数的权重是根据流通市值比决定，也就是说盘子越大，权重越大。等权指数不管股票市值大小都是同样

的权重，也就是说等权指数中，小盘股起的作用可能会更大一点。沪深 300 等权指数走势强于沪深 300 指数。

表 15 显示了最近几年沪深 300 等权指数的年化超额收益都超过了 2%，也就是说小盘股占的比例越多，走势就越好。

表 15　沪深 300 等权指数与沪深 300 指数的比较

| | 9 年总收益 | 超额收益 | 年化超额收益 |
|---|---|---|---|
| 沪深 300 等权 | 291.41% | 47.75% | 2.22% |
| 沪深 300 | 243.66% | | |

综上，大家可能会看到中小盘确实明显会超越大盘，那这是不是只是中国和美国的特例呢？还是全球市场的一个共性呢？实际上学术界对此早有研究，并且有一个专业名词来解释这个现象，叫做小盘股效应。

所谓小盘股，就是发行在外的流通股份数额较小的上市公司的股票，中国现阶段一般不超 1 亿股流通股票都可视为小盘股。1981 年，美国学者 Banz 以纽约证券交易所的全部股票为样本，对这些股票 1931 年-1975 年间的月收益进行了研究，发现股本规模小的股票组合的收益率明显高于股本规模大的股票组合。也就是说，对于投资者来讲，投资股本规模较小的企业所发行的股票，可以获得更多的超额收益，这就是“小盘股效应”。

自从 1981 年 Banz 提出了“小盘股效应”后，越来越多的学者参与这样的研究。后来发现几乎全球所有的股市都存在“小盘股效应”。从图 21 中可以看出，成熟的市场如加拿大、德国、日本等都存在明显的小盘股效应，小盘股作为一个整体，收益明显超越大盘股。需要注明的是，这个研究结果中数据量最少的加拿大也用了过去 30 年的数据为研究基础。

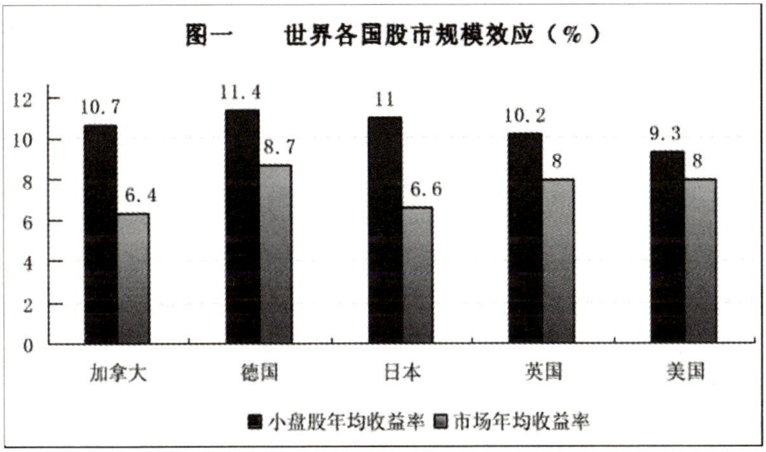


图 21 世界各国股市的规模效应（1980 年-2010 年）

所以小盘股效应并不仅仅是中国或美国的一个特例，而是全球市场的普遍性规律。小盘股效应从实证角度上已经获得认可，那有没有一个理论解释呢？这就是 2013 年诺贝尔奖获得者尤金·法玛的三因子模型。

## 法玛三因子模型

其实，许多华尔街的投资大鳄们对尤金·法玛的“有效市场假说”是不屑一顾的，比如股神巴菲特就说过“如果市场总是有效的，我只能沿街乞讨”。但是，这并不妨碍投资大鳄们对尤金·法玛的尊敬和关注，因为他的另一项学术贡献——“法玛/弗兰奇三因子模型”实实在在地改变了华尔街尤其是对冲基金业的玩法，为它们带来了数以亿计的真金白银。“三因子模型”听来有些令人犯晕，其实它反映的是一个很简单的、普通散户都能明白的事实。尤金·法玛利用 1941 年到 1990 年的美股数据指出：除了衡量波动风险的 Beta（贝塔）之外，股票的市值和估值同样会影响回报。更直接地说，小盘股会有更好的回报。1992 年，尤金·法玛和同事肯尼思·弗兰奇将研究发表成论文《股票回报的交叉选择》，这篇文章成为后人研究资产价值的宝典，后来对于资产价值领域的各种研究，人们也总爱加上一句："站在法玛的肩膀上"。

这篇文章通俗来讲，就是小盘股、价值股会超越市场，我们来深入看一下三因子模型的公式。

$$r = R_f + \beta_3(K_m - R_f) + b_s \cdot SMB + b_v \cdot HML + \alpha$$

三因子模型的公式一共由四项组成，最左边的是资产收益率，主要有以下几个因素决定。

第一个是无风险收益率 $R_f$，一般以一年期国债利率作为无风险收益率的基准；第二个是市场组合的收益 $\beta_3(K_m - R_f)$，也就是指数的波动带来的收益；第三项 $b_s \cdot SMB$ 叫做小盘股溢价，就是说小盘股会比大盘股有超额收益；第四个 $b_v \cdot HML$ 代表价值溢价，就是低于市净率的股票要比高市净率的股票会有更好的收益。那么怎么来理解这个三因子模型？特别对于数据很不感冒的朋友来讲，看到公式就头晕。

举个例子：你要乘船到对岸去，怎么能够最快到达呢？那就要分析一下船速由几部分组成？第一个是水流的速度，不管船开不开，水流都会带着你最终到达，这个水流就是无风险收益率。钱存在银行里面，一年也会有大概 3.5%的收益，买国债和银行理财，可能收益还会还高一点，这是市场的基础收益率，相当于静态的水流速度，叫无风险收益率。

第二是市场波动所产生的收益率，我们可以将其理解成不同的河流，比如长江水可能急一点，黄河的水可能会缓一点。这是不同的市场所带来的收益率区别，比如股票市场从长期来讲，收益率应该超过债券市场，债券市场又超越货币市场，这是不同的市场带来的收益率区别。

第三是小规模效应，就是说小船比大船跑得快，大船由于载重大，吃水深，它的速度上不去，小船会比大船跑得快。股市中，小盘股的规模小，长期来说会比大盘股有更多的收益。

第四是价值股效应，就是说 PE 低的股票会比 PE 高的股票收益率高，PE 代表了公司的资产质量。就像一艘船配的是柴油发动机，另外一船用的是帆，用发动机的船肯定要比帆船快。

上述四个因素的效应叠加，最快的船应该是哪只？是小船加载发动机的，小盘价值股就是快艇。法玛三因子模型讲得就是这样一个道理。

法玛和弗兰奇提出三因子模型后，很多人对其进行了检验，法玛自己后来维护了一个数据库，这个数据库是从美国 1929 年开始，他通过三因子模型创造了几个指数，如图 22 所示。

最上面的波线是小盘价值股，就是我前面讲的快艇，个头小，然后发动机特别好，所以它是涨的最好的。接下来的波线叫大盘价值股，就是大船，它的发动机也不错。再下面的波线是大盘成长股，相当于大帆船，速度要慢很多。最下面的波线是小盘成长股，就是用帆的小渔船，为什么小渔船用帆不行呢？因为它容易翻船，所以一个整体表现最差。

图 22 是从 1926 年 7 月到 2013 年 8 月美股将近 90 年的四大板块的收益率走势对比。其中小盘价值股是回报最高的板块，年回报为 14.98%，与之对应的大盘成长只有 9.4%的年均回报。假如 1926 年将 1 元分别投入小盘价值股和大盘成长股，到 2013 年 8 月，前者的收益将是后者的 130 多倍！这就是小盘股效应的威力。

实际上很多海外大对冲基金的盈利模式都基于三因子模型，包括全球最大对冲基金 Bridgewater 公司，它有一个核心策略叫可转移 Alpha，其中就用到了三因子模型的原理。即构筑很多小盘股组合，然后对冲股指期货后获得超额收益。

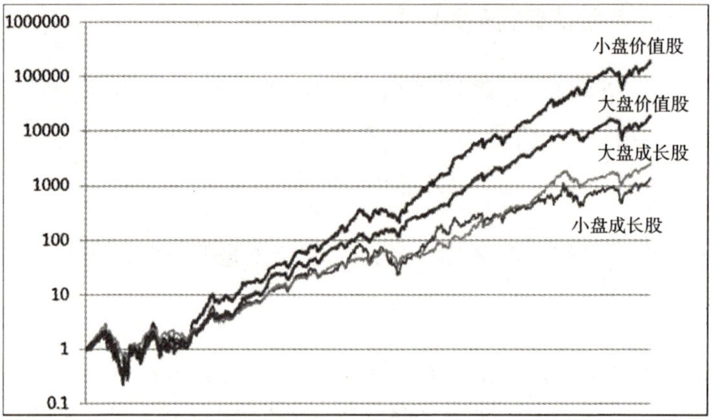


图 22　美国市场不同风格组合收益率对比（1926 年—2013 年）

法玛三因子模型从理论上解释了小盘价值股长期具有超额收益，所以大盘蓝筹股没戏。很多价值投资者，包括一些经济学家都在批评说中国的股民很不成熟，就知道炒小盘股，为什么不买中国石油、中国银行这么优质的蓝筹股？法玛在几十年前就已经证明了这一点，大盘蓝筹股从长期来讲不可能比小盘价值股好，这是一个最基本的经济学原理。不是因为中国股民不成熟，只是中国市场在重复这样一个经济学原理而已。

## 经济学解释

一般来讲学界都认可小盘股效应有以下几个解释。

第一，流动性溢价，也就是说流动性不好的资产应该给予更高的收益。比如存银行，一年定期 3.5%，如果五年定期还给你 3.5%，你存吗？肯定不存。那么五年期给到 5%，那你会不会存？你会考虑虽然五年期流动性不好，但是收益高了，这其实是牺牲了流动性后由风险补偿，即流动性溢价。

小盘股跟大盘股相比流动性比较差，特别是机构投资者买入买出时会损失交易成本。在这种情况下，必须要有更高的收益补偿，这样才能吸引投资者投资小盘股。

第二个是风险溢价，小盘股中确实有很多好股票，但是风险也比较大，特别是在美国这样的成熟市场有退市制度。小盘股的业绩不好的话，就会被退市，因此风险非常大。风险比较高的资产，需要有一个比较高的收益才能吸引投资。存银行的风险很低，做房地产风险比较高，炒股票风险也比较高。所以股市从长期来讲，收益一定超越银行存款，美国股市 100 多年的平均收益率为 8%左右，存款的收益率只有 2%到 3%。中国股市从 1990 年算起的话，收益率也是远远超过定期存款，因为股市风险大，一定要有溢价，投资者才愿意投资。所以小盘股从长期来讲，风险比较大，需要有一个风险溢价。

第三个是成长性溢价，因为小盘股中有些公司可能有机会成长为第二个苹果、第二个谷歌。大盘股的成长空间很小，没办法跑得更快。但是小盘股不一样，中间有很多是行业的隐性冠军，很可能未来会长得非常大，会有一个成长性预期在里面。因此对于这样的公司，也要给它一个成长性溢价。

由于以上三个原因，小盘价值股会有长期的超额收益是有理论支撑的。

不管是“小盘股效应”还是“三因子模型”都证明了小盘股和价值股相比大盘股和成长股会有超额收益。华尔街的基金公司基于这样的思路推出了规模基金和风格基金两个新大类，通过前者，投资者可以选择购买大盘股或小盘股，通过后者，投资者则可以选择购买价值股或成长股。这样的分类方式，如今已经成为基金业的标配和基本模式。

大卫·布斯是尤金·法玛当年的研究助理，后来他投奔华尔街，创办了围度基金。这家基金公司严格按照法玛的三因子理论，主打小盘价值股，目前管理的资产超过 200 亿美元。对冲基金大佬阿斯内斯是尤金·法玛的学生，他在 1992 年协助尤金·法玛完成《股票回报的交叉选择》之后去了华尔街，并于1998年创立了AQR资本。AQR资本的赚钱模式，就是把尤金·法玛的小盘价值股理论付诸实施。AQR喜欢持有无人问津的股票，期望它们在真实价值被市场重新认识时能够收复失地。其管理的资产也从1998年公司创立时的10亿美元增值到2004年的120亿美元。

那么A股投资者能不能用尤金·法玛的理论赚钱呢？对于普通投资者而言，像国内的部分量化对冲基金那样用同时做多、做空的方法来捕捉小盘价值股的超额收益有些困难，但仅仅是长期持有小盘价值股，咬定青山不放松，依然可以带来丰厚回报。

## 创业板的机会

中国未来的创业板中综，会有哪些公司有可能成为伟大的企业呢？我这里只是说一个基本观点：中国跟美国差距最大的行业一定是我们未来大力的发展方向，美国的现在就是中国的未来。有哪些行业是中国要大力发展的呢？

第一个是环保行业。中国的雾霾非常严重，地下水严重污染，到处都是各种癌症村，毫无疑问，环保行业一定是中国未来需要大力发展的。

第二是医疗行业。随着未来中国进入老龄化社会，对高端医疗服务的需求会越来越旺盛，那么医疗设备、医药、健康维护相关的产业肯定会有非常大的发展空间。

第三是新能源。中国过去30年的发展消耗了太多的能源，中国的石油、煤炭已不足以支持中国进一步的发展，需要大力开拓太阳能这样的清洁能源。

图 23 显示了创业板块分类，可以看出创业板的大多数版块都属于高成长性公司，或者是高成长性的行业。当然其中会有很多公司死掉，也有很多公司炒作，但是作为一个整体行业，作为中国未来几十年的经济转型来讲，我认为将创业板简单定位为炒作投机，这个结论有失偏颇。

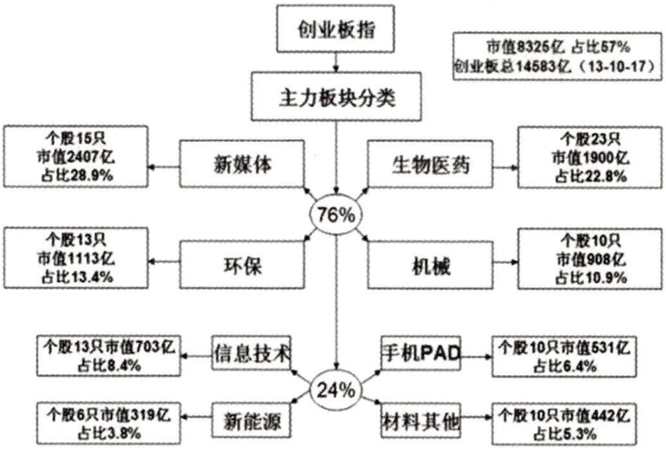


图 23　创业板主力板块分类

创业板最近出现了回调，很多人就认为是不是泡沫要破灭了。有位有名的经济学家说过股市和经济的关系就像狗跟主人的关系。主人一直往前走，狗可能会先跑一会儿，跑得太快了发现主人没跟上，它又跑回来了。但只要主人不断往前走，狗其实是一直往前走的。这只狗就是股市，而人就是宏观经济。

如果说我们认为中国未来几十年经济会出现良好的转型，中国会向中等发达国家甚至向发达国家过渡，中国的经济不再依靠钢筋水泥，变为依靠创新和高科技驱动的话，创业板从长期来看，十年、二十年之后再看现在的回调，可能只是一个小小的回调，是一个狗跑回来找主人的过程。

所以股市涨必定有它涨的理由，股市跌也必定有它跌的理由，不以人的意志为转移。我们一定要探究涨跌背后的逻辑是什么，而不是简单地认为它是炒作。要知道这世界上最聪明的，不是研究员，不是经济学家，更不是著名经济学家，而是钱，钱往哪儿去一定是有它的道理，只有钱才是最聪明的。所以我们要跟着钱的步伐去深刻研究它背后的逻辑，这才是在金融市场长期制胜之道。

# 事件驱动策略

本节我们讨论了事件驱动策略，在前面的内容中介绍过对冲基金的三个主流策略，其中最凶狠的叫做宏观因素策略，代表者是索罗斯和保尔森；最主流的是相对价值，代表者是桥水联合基金；除此之外还有一种对冲基金策略叫做事件驱动，它有点像草原上的狐狸，寻找市场上的特殊机会去做交易，特点是风险比较小而收益比较高，当然其对应的资金规模不大。

## 事件驱动策略概述

对冲基金的策略大致分三类：相对价值策略、宏观因素策略和事件驱动策略。三者之中，事件驱动策略以风险较小而收益较高的优势，为越来越多的投资者所关注。包括企业分拆并购、破产重组、财务重组及股票回购等在内的事件，都是此策略追逐的焦点。代表者为总部设在纽约的埃利奥特私募基金。接下来，我们先来分析一下该基金最著名的两大案例，不难看出，在中国这样一个散户比例远远高于机构投资者的市场中，我们可以操作的事件比比皆是。

第一个案例是阻截保洁公司。2003 年的时候，宝洁公司宣布要收购威娜宝，宝洁公司的股价会大幅度上升，这时候埃利奥特分析认为这个收购价格过低，于是他立刻买入 10%左右的威娜宝优先股，然后拉拢各大投资者，包括德意志银行及几个大对冲基金一起来反对收购。如果收购失败的话，意味着宝洁的股价会大跌，对于宝洁的管理层而言，这个失败是他们难以承受的，迫于这样的压力，宝洁公司不得不将优先股的收购价提高，埃利奥特从中赚取了非常大的一笔收入。

第二个案例就更加厉害了，1996 年秘鲁新政府上台，准备发行新的政府债券，但是以前的老政府债券未兑现，处于违约状态。新政府想赖账，不愿意为老政府还债，这时候埃利奥特发现机会来了，他以低价大量收购即将违约的秘鲁政府老债券。买入之后在各大媒体造势说秘鲁政府没有还钱的能力，号召大家不要去买他的债券，然后通过律师、议会等各种渠道向秘鲁政府施压，要求将老债券重组，否则新债券就面临着流产的可能性。在这种情况下，秘鲁政府迫于压力，不得不对老债券承诺兑现收益，这样埃利奥特又赚了很大的一笔钱。

从上述案例可以看出埃利奥特在操作过程中动用了媒体力量、政治力量、法律力量等，是一个综合应用各方面力量寻找市场缝隙盈利的过程。海外前段时间有个很火的公司叫浑水公司，专门猎杀中概股，就跟这个概念是一样的。

海外的对冲基金由于资金量非常大，能够动用的资源也非常多，所以它们一般都会先埋伏起来，然后动用自己的资源力量推动市场向对自己有利的方向运行。从一定程度上来说，事件驱动策略有时候有一点点操纵市场的嫌疑，但是其整个运作过程都是公开合法的。

事件驱动策略虽然在海外对冲基金中得到了广泛的应用，但是在国内市场由于融券尚未大规模展开，所以国内能够真正用到事件驱动之类的不多。事件驱动并不限于做空这一种，任何基于特殊消息的都可以称之为事件驱动，它与传统的纯股票类策略不同，比如打新股策略、逆回购策略、定向增发策略、可转债等。

## 策略一：打新股

A 股市场上的投资者对于新股申购都有着特殊的偏好，对他们而言，打新股似乎就是一桩稳赚不赔的投资策略。国信证券曾建立了一个简单的“打新”策略：申购所有新股，然后持有不同期限后卖出，再计算其平均收益率。最终的研究报告显示，在 2010 年到 2011 年股票市场整体下行的背景下，打新仍能保持正收益，发行当日卖出策略的年化收益率更是高达 186.57%，一周、两周、四周卖出也能够分别获得 8.86%、3.92%、1.78%的正收益。网下申购，十二周后卖出同样能够获得 3.28%的年化正收益并获得超越指数 11.03%的年化超额收益。由此可见“打新股”的超额收益不但存在而且非常可观。

在国内市场一些简单的事件驱动策略如打新股其实是大多数散户可以参与的。特别是现在新股的新发行制度建立之后，给了很多打新股和炒新股的机会，现在 IPO 新规有两条：第一个是把那些报价最高的 10%剔除；第二是如果价格过高的话，老股东可以提前抛售、套现。监管层制定这两条规定的目的是防止新股过分暴涨，也防止普通投资者炒新。

我对监管层这样的规定是持有异议的，监管层真正应该监管的是游戏规则是否合法合规，是否满足三公原则，而不是亲自去干预市场价格。IPO 新规依然体现了监管层希望首日不要爆炒。但实际上很多新股的涨幅跟市场之间的供求关系是相关的，所以新股的首日价值相对来讲是被低估的，我建议大家参与新股的炒作。

尽可能地去参与认购新股，想尽一切办法提高中签率，网上申购了一批股票后如果担心大盘下跌的话，可以进行股指期货的对冲，因为小盘股组合长期会有超额收益，在未来一段时间会有较为稳定的收益。

如果新股申购没有成功，那炒新股也是一个不错的选择，特别是对于第一天涨幅不太大的新股而言。积极参与炒新，在目前这个市场情况下确实有可能获得相当不错的超额收益。特别是对那些创业板和小盘股的股票，由于它们本身就具有小盘股效应，长期来说是有超额收益的，参与这些创业板和小盘股的股票也是一个不错的选择。如果想参与炒新的话，应该选择哪些呢？我给大家几个建议：第一个是首日涨幅比较低的，第二个是那些盘子特别小的，第三个是 PE 比较低的。

从某种程度上来讲，IPO 业务的新规就是一个事件，这个事件带来了市场上的一些超额收益机会。如果不是证监会的这些规则，可能第一天上市的时候新股价格就一步到位了，但是由于证监会人为地压低新股的上市涨幅和发行价，所以这些股票在未来一段时间内由于市场驱动的力量会向真正的价格回归，这也就是事件驱动中驱动的意思。

## 策略二：逆回购

简单讲，逆回购交易其实就是一种短期贷款，即你把钱借给别人，获得固定利息，而对方用国债作抵押，到期还本付息。逆回购的安全性极强，等同于国债。举个例子：张先生手中有 130 万元想用于换车。汽车经销商告知张先生，下周到货，具体提货时间会提前一天通知。从资金安全的角度看，张先生不能让这笔钱有损失，由于车款数目较大，放在银行账户上只能享受活期利息，目前银行并无合适的超短期理财产品，仅能提供一天通知存款，利率为 0.95%。经推荐，张先生选择了一天国债逆回购。第一天，张先生以 4.56%的价格成交了一天国债逆回购品种 130 万元。一天之后，张先生获得了利息共计 151.67 元。如果他将钱放到银行活期储蓄账户中，一天获得的利息仅为 17.81 元。一周后，张先生提车，此时他做国债逆回购获得的累计超额收益近千元。

逆回购有点类似于协议存款，但是相对来讲要灵活很多。很多做逆回购的人主要操作他的股票账户，很多人卖完股票后当天的钱是不能回来的，买银行理财产品也买不到，因为钱没有到账，但这时候是有额度参加逆回购的。

那么什么叫逆回购呢？比如说我手中有一只股票或者债券，但是现在急需用钱，我想把债券抵押出去借钱，这个过程叫做正回购；如果别人将他的债券抵押出去向我借钱，这个叫做逆回购。很多银行、保险手中持有大量的债券，但是短期内需要流动资金的时候，就可以将债券作为抵押物向普通投资者借钱。出借方主要是一些普通的投资者，很多投资者并没有在股票市场进行满仓操作，多余的钱只能够享受活期利率。如果转出去买货币基金的话有一个免收益期，相当不合算，并且它的流动性也不算特别的好，因为基金的申购赎回一般都有两三天的冻结期。逆回购则可以随时操作，平均年利率也在 3%到 4%，比一般的定期存款的收益还要稍微高一点。

逆回购当初的发展主要是在央行和各大商业银行之间借钱或者还钱的这样一个流程，央行通过逆回的购的方式向市场放水，通过正回购的方式收缩流动性。这种模式慢慢扩展到更多的机构，比如保险、证券以及机构投资者也可以参与进来。之后普通投资者也可以进行相关操作。

对于普通的散户而言，只要将股票交易账户打开，就可以像买卖股票一样进行逆回购的操作。现在逆回购主要有一天、两天、四天、七天、二十八天等，其中操作最多的主要是一天和两天这两种。在具体交易的时候只要输入逆回购的号码，然后选择手数以及方向，如果是借钱出去则是卖出逆回购的操作。

在具体的操作中，逆回购卖出设定的价格就是资金利率，软件上会自动看到当前出价人愿意出的资金利率。一般这个利率都在3%到4%之间，但是钱荒的时候有可能出现比较大规模地增长，历史上曾经有逆回购的年化收益率是100%多。

所以这里我也建议经常炒股的朋友，如果有闲钱不用的时候，在自己账户里做一下逆回购，大概十秒钟的时间就可以获得非常好的收益。很多人可能会问逆回购有风险吗？从理论上讲风险是极低的，因为逆回购的借款方是有债券做抵押的，而抵押的往往是国债这样高等级的债券。

上海逆回购市场和深圳市场入场资格不一样，上海的门槛是十万，深圳的是一千，所以大多数散户基本上是可以参与逆回购的。

## 策略三：定向增发

所谓定向增发就是上市公司非公开发行股票的一种融资手段。定向增发规定发行对象不得超过10人，发行价不得低于公告前20个交易市价的90%，发行股份12个月内不得转让，募资用途需符合国家产业政策，上市公司及其高管不得有违规行为等。也就是说，非公开发行并无盈利要求，即使是亏损企业只要有人购买也可私募。据国金证券的数据显示，2013年纳入统计的1083只私募产品中，27只产品的收益率超过50%，其中有9只为定向增发策略。

定向增发也是最近这一两年私募产品市场上非常火热的一个方式，这种产品非常受欢迎。如果单独针对某一只股票定向增发，个人投资者是很难参与的，从定义中就知道，定向增发是向特定客户进行资金募集，一般来讲可能就那么十来个客户，所以投资者很有限。

哪些方向是要专门做定向增发呢？第一，普通项目。上市公司发现了一个非常好的项目，目前又没有足够的钱，于是向特定用户募资资金，对象可能是大股东，也可能是关联企业。第二，并购项目。发现了一个很好的企业与公司的战略方向一致，想把它收购过来，但是暂时又缺钱，于是向特定投资者募一笔钱去做。第三，反向收购。如有些上市公司获得了很好的收益，它想收购母公司的优质资产，这时候缺钱也需要募资。

定向增发有几个特点：首先它的项目应该比较优质，比一般的股票投资要靠谱很多；其次是针对特定投资人，给出的价格一般比较优惠。如果向普通投资者发行叫公开增发，由于有普通投资者参与，需要经过严格的审批和监管，流程会非常复杂。但是面向大机构投资人，流程上要简单很多，并且给出的优惠力度也比较大。所以买入定向增发股票就具备了安全垫。有的定向增发可以获得 20%左右的折扣，相当于大盘跌 20%都不用担心，这样就产生了一个定向增发套利的机会。以前有一家私募基金叫博弘数君，当年定向增发的产品整体收益率为 50%以上，2014 年也有很多类似的私募产品，总体收益率都超过了 30%。原因很简单，资质本身比较优质，再加上有价格折扣，定向增发组合比大盘的收益高 20%左右也是非常正常的。

如果担心市场的波动，比如说 2008 年很多定向增发的股票是亏损的，这种情况下我们可以对冲股指期货，获得一个比较稳健的阿尔法收益。目前私募市场上一般有两种类型的定向增发产品：一种是纯定向增发，这种类型的产品与大盘有关，大盘好的时候，它的收益也会相当抢眼，但是熊市中也可能亏钱。第二种定向增发的产品就是加对冲的，叫定增套利产品，一般收益稳定在 15%～20%，不管牛市熊市。

需要注意的是定向增发会有一定的锁定期，一般会锁定一年或者两年，有的还会锁得比较长，但是以一年、两年的居多。不确定性就在于这一两年时间内市场的走势，如果市场跌得很惨的话，定向增发的股票也会很惨，所以大多数做定增套利的产品会对冲股指期货。定向增发的成功有两个基本假设：第一，能够定向增发的一定是优质的公司。它比市场整体的平均水平要好，是马拉松中一些跑得比较快的选手。第二，价格折扣之后做组合股票，风险就小很多，要是单独参加一只产品的定向增发，那是有问题的，因为有可能这家公司造假，或者是遭遇了重大意外。如前段时间反腐败对白酒行业带来重大打击，如果此时白酒企业做定向增发的话，投资者可能就比较惨，但是如果分散到二十只、三十只做组合的话，整体风险小很多。

定向增发一般不会公开募集，所以普通散户者想参与的话比较困难，最好的方式是通过产品，现在有很多的券商、基金都发行了定向增发产品，普通投资者认购一份，这个产品集合大家的资金，作为一个机构投资者去参与定增，曲线实现了投资定增的功能。定向增发产品是一个团购的概念。

如果对于未来一段时间的股市是看好的话，就可以去买一个纯定向增发产品，因为这只股票它不仅会弥补本身的折扣，可能还会有一个大盘的收益。假如不确定未来股市是涨是跌，就买那些定增套利的产品，因为它会把市场风险给去掉，赚股票本身的超额收益。

传统投资者过去很多年只有一种方法，就是买入股票等涨，未来随着越来越多的新股上市，特别是 T+0、退市制度、融券大量开放之后，有太多的事件驱动机会，我相信中国未来也会出现浑水公司这样的机构，整合媒体力量、律师、政府的力量做空一些资质比较弱的股票，赚取市场缺陷所带来的收益，这是一个非常有价值的东西。所以相信未来会有越来越多的事件驱动策略出现，事件驱动产品值得投资者去关注。

電子工業出版社
PUBLISHING HOUSE OF ELECTRONICS INDUSTRY
http://www.phei.com.cn

中国量化投资学会

# 丁鹏作品

**《量化投资——策略与技术（典藏版）》**
丁鹏 编著
ISBN 978-7-121-24062-1
定价：118.00元

**内容简介**

本书是国内少有的有关量化投资策略的著作。全书用 60 多个案例介绍了量化投资的各个方面的内容，主要分为策略篇与理论篇两部分。策略篇主要包括：量化选股、量化择时、股指期货套利、商品期货套利、统计套利、期权套利、算法交易和资产配置等。理论篇主要包括：人工智能、数据挖掘、小波分析、支持向量机、分形理论、随机过程及 IT 技术等。最后介绍了作者开发的 D-Alpha 量化对冲交易系统，该系统全球市场验证显示具有长期稳健的收益率。附录是作者开创性的理论“策略组合模型”，探讨了策略的定义、组合、杠杆、资金容量和资金分配等关键问题。

本书适合基金经理、产品经理、证券分析师、投资总监及有志于从事金融投资的各界人士阅读。

---

**《量化投资与对冲基金入门》**
丁鹏 著
ISBN 978-7-121-22292-4
定价：59.00元

**内容简介**

本书介绍了量化投资与对冲基金的基础知识，包括量化投资的概念、主要策略类型：相对价值策略、宏观因素策略、高频交易与算法交易等，对冲基金的原理、组织形式、法律障碍、运作模式，以及十大对冲基金案例等。通过这些基础知识的介绍，力图让读者对量化投资与对冲基金这种新的资产配置工具有一个通俗性的了解。

本书读者对象为对量化投资与对冲基金感兴趣的入门级人士，包括机构投资者、资产管理公司总监以上人员、市场营销人员、渠道经理等。

投稿邮箱：gaohx@phei.com.cn

電子工業出版社
PUBLISHING HOUSE OF ELECTRONICS INDUSTRY
http://www.phei.com.cn

# 交易大师系列

**《股票魔法师——纵横天下股市的奥秘》**

[美] Mark Minervini 著

ISBN 978-7-121-24561-9

张洞 译

定价：59.00元

2015年1月出版

**内容简介**

作者Mark Minervini，美国最成功的股票交易商，他从30年的职业生涯中总结出来的方法 CANSLIM 写出来就是这本书！书中阐述了著名的、可以大大提高股票市场收益率的传奇 SEPA 系统！

本书包含股票交易经验、真理和具体的策略，是一本完美结合股票的基本面分析和技术面分析的实战型书籍，用技术分析找到趋势，用基本面分析验证自己的判断，这种客观的方法能最大限度减少个人情感对投资决策的干扰。

**《股市法则（第4版）——熊市赚钱、牛市暴富的50条准则》**

[美]Michael D. Sheimo 著

刘枫 刘忆南 译

ISBN 978-7-121-24418-6

定价：59.8 元

2015年1月出版

**《做自己的投资经理——基于价格、业绩与价值构建最好的投资组合》**

[美]Brian Nichols 著

杨卫东 麻旭东 元涛 译

ISBN 978-7-121-24484-1

定价：55.00元

2015年1月出版

**《数字揭秘——构建股票多空投资策略》**

[美]John Del Vecchio,
Tom Jacobs 著

高翔 伍茗 译

ISBN 978-7-121-24562-6

定价：59.00元

2015年1月出版

投稿邮箱：gaohx@phei.com.cn